大谷翔平は、こう考える

不可能を現実に変える90の言葉

桑原晃弥

PHP文庫

○本表紙図柄＝ロゼッタ・ストーン（大英博物館蔵）
○本表紙デザイン＋紋章＝上田晃郷

はじめに

スポーツの素晴らしさは、人の心に一生残る、生涯語り継ぎたくなるようなすごい瞬間を見せてくれるところにあります。

第5回WBC決勝戦9回ツーアウト、大谷翔平がエンゼルスの同僚でもありメジャーリーグを代表するバッターでもあるマイク・トラウト（アメリカ代表）を三振に打ち取り、日本に3大会ぶりの優勝をもたらした対決はまさしくそうでした。第2回大会で決勝打を放ったイチロー同様に、今後もWBCが開かれる度に思い出され、語られるものとなるはずです。

大谷のことはもちろん高校生の頃から注目していましたが、衝撃を受けたのは「Number」861号で「誰もやったことがないと言われてますけど、誰もやってないからこそ、やってるんですから」（参照22ページ）という言葉を目にした時です。大谷は当初、花巻東高校を卒業したらそのままメジャーリーグに挑戦するという意志を表明していましたが、北海道日本ハムファイターズの監督・栗山英樹を初めとするスタッフの「二刀流に挑戦しないか」という提案に心を動かされ、入団を決めています。

当時の大谷にも花巻東高校の監督・佐々木洋にも「二刀流」という考え方はなく、どちらかと言えば投手としてメジャーリーグを目指すことを考えていましたが、「二刀流」というアイデアが大谷の運命を変えることになったのです。打つことも投げることも大好きで、共に素晴らしい素質を持つ大谷にとっては最高の提案でしたが、プロ野球界の受け止め方は「全否定」に近いものがありました。

プロ野球評論家や球界関係者からは厳しい批判の声が浴びせられ、名選手にして名監督だった野村克也からは「プロをナメとる」とまで断じられたことで、恩師である佐々木は大谷の精神状態を心配し、「お前、本当に大丈夫か」と電話をします。その時の大谷のあっけらかんとした口調や、「誰もやったことがないと言われてますけど、誰もやってないからこそ、やってるんですから」という言葉に佐々木は大谷の「メンタルの強さ」を感じたといいます。

ほとんどの人にとって「みんながやっている」は安心のキーワードであり、「誰もやったことがない」は「やってはいけない」理由となります。「誰もやったことがない」から「じゃあ、やってみよう」となる大谷は紛れもないイノベーター（革新者）ですが、それを何とも明るく楽しそうにやるところに大谷の魅力があります。

大谷のもう1つの特徴が「ピンチをチャンスに変えていく力」です。大谷が二刀流への挑戦を始めて11年目となり、その間、日米でMVPを獲得するなど、期待をはるかに上回る活躍を続けています。特に今期の2023年シーズンは投手として2桁勝利を上げる一方、本塁打数でトップを走るなど打者として三冠王を狙える位置につけ、「史上最高の野球選手」に相応《ふさわ》しい成績を上げていましたが、そんな大谷を同年8月、思わぬ悲劇が襲いました。

右腕の靱帯の損傷により、「シーズン終了まで投げない」ことが決定します。はたして2度目のトミー・ジョン手術を受けるかどうかを含め詳細は不明ですが、場合によっては2019年シーズン同様に2024年は打者のみでの出場となる可能性が高まっています。大谷は過去にも幾度ものケガや故障を経験しています。出力の大きさに身体がついていかない面もあったのかもしれませんが、高校時代やメジャーリーグでも投げることができなかった時期が多くあります。

大変な逆境ですが、こうした時期、大谷は打者としての練習を積み、実践を経験することで「自分が思っていたはるか上を行く打者としての成長」を果たしています。それが最も顕著に表れたのが2021年の46本塁打であり、以後、大谷はホームランバッターとして認知されるようになっています。言わば、大谷はケガや故障はあるものの、その時期のトレーニングや経験によって力をつけ、二刀流としての地位を確固たるものにしています。

今回の故障はFA前という大切な時期だけに衝撃を持って受け止められていますが、今回もまた大谷の「ピンチをチャンスに変えていく力」によって、よりレベルアップした存在になるのではないでしょうか。

本書で紹介した大谷の言葉は野球を始めた子ども時代から今日《こんにち》まで、折に触れて大谷が口にしたたくさんの言葉の中から選んだものです。その中には、野球に限らず、「好きを貫く」うえで大切なことや、「高い目標を掲げて努力を続ける」大切さを教えてくれるものがたくさんあります。今という時代は目標を持ちにくい、生きづらい時代ですが、だからこそ大谷の言葉から学べるものがたくさんあるのではないでしょうか。

本書がみなさまの生きる支えとなれば幸いです。

本書の執筆と出版には、PHP研究所の中村悠志氏にご尽力いただきました。感謝申し上げます。

桑原　晃弥

大谷翔平は、こう考える

目次

第1章 不可能を可能に変える

第2章 どこまでも成長したい

第3章 はるか高みを目指して

第4章 期待を力に変える

第5章 いつも楽しくポジティブに

第6章 勝利への思い

第7章 行動のルール

第1章

不可能を可能に変える

1

誰もやったことがないと言われてますけど、誰もやってないからこそ、やってるんですから

（「Number 861」P48）

大谷翔平は当初、高校を卒業したら日本のプロ野球を経ることなくメジャーリーグに挑戦することを考えていましたが、日本ハムファイターズの「二刀流への挑戦を後押しする」という熱意に押されてプロ入りの決断をしています。

投手と打者の両方で主力を目指すという方針に対し、プロ野球評論家や球界関係者からは連日、厳しい批判の声が上がります。なかには「プロをなめとる」とまで言う声もありました。まだ高校を卒業したばかりの大谷にとって連日、マスコミを通してこうした声を聞かされるのは大変ではないかと心配した花巻東高校の監督・佐々木洋は大谷に電話をかけて、「お前、本当に大丈夫か」と尋ねます。

ところが、大谷の返事は「大丈夫です。毎日、楽しくやってますよ」という意外なものでした。理由を大谷はのちにこう説明しています。

「僕は全然、気にならなかったです。プロをなめてるわけでもないですし、毎日すごく充実してますし、やってよかったと思ってます。誰もやったことがないと言われてますけど、誰もやってないからこそ、やってるんですから」

たいていの人にとって「誰もやっていない」は挑戦をやめる理由になりますが、大谷にとっては「だからこそ、自分がやる」という勇気につながったのです。

2

先入観は可能を不可能にする

（「大谷翔平 野球翔年 Ⅰ」P47）

ビジネスの世界で言われるのが「白紙になってものを見ろ」です。仕事をするうえで経験や知識は貴重なものですが、時にそれらは先入観となり、何かを見たり、新しいことを考える時に邪魔をすることがあります。初めから決めつけてしまっては、できるものもできなくなり、見えるものも見えなくなるのです。

大谷翔平が二刀流への挑戦を決めた時、プロ野球のOB、特に名選手や名監督だった人たちの多くが「無理」「不可能」を口にしたのはまさに先入観のなせる業《わざ》でした。たとえ「エースで4番」でも、プロ入りに際してはどちらかに絞るのが常識でした。しかし、大谷自身は高校時代に当時不可能と言われた「スピード160キロ」を目標にして見事に達成した経験から、「先入観は可能を不可能にする」ことを理解していました。

「自分で無理じゃないかと思ってたら（160キロは）できなかったと思います。だから、最初からできないと決めつけるのはやめようと思いました」

プロ野球で二刀流なんて無理に決まっているという先入観に対し、大谷や栗山英樹監督が考えていたのは「最初から無理だと言ってたらすべてが無理。やってみなきゃ、わからない」というものでした。2つの突出した才能があるのなら両方伸ばせばいい。可能か不可能かはやってみたうえで決めればいいのです。

3

160キロを目指していたら、
158キロぐらいで
終わっちゃう可能性があるので、
目標数値は高めにしました

（「道ひらく、海わたる」P131）

「どこまでのレベルを成就できるかは、最初に置く目線で決まる」という言い方があります。スポーツに限らず、ビジネスでも走り始めてから目線を上げるのは難しく、最初から高い目線、高い志を掲げて必死になって努力して初めて目標に限りなく近づくことができます。それはスポーツにおいても同様で、1位を目指して2位、3位になることはあっても、3位を目指して1、2位になることはまずありません。

大谷翔平は花巻東高校恒例の「目標設定シート」に「スピード160キロ」と書き込んでいますが、別の用紙には「163キロ」という数字を書き込んでいます。理由は「160キロを目指していたら、158キロぐらいで終わっちゃう可能性がある」からでした。160キロを出すためには、さらに高い163キロを目標にして、練習を積んでこそ可能になる、というのが15歳の大谷の思考法でした。

これには監督の佐々木洋も驚きます。佐々木自身、これまでの経験から「10」を目指していたとしたら、「8」になることがあるように、目指したものよりちょっと下の地点になってしまうことがあることを知っていました。そのため後日、大谷を呼んで「160キロは出る。そのために目標を163キロと書きなさい」と伝えますが、実はその時には既に大谷は別のシートにその数字を書き、ウェイトルームに貼っていたのです。

4

ピッチャーとしては高校時代に
やり残したことがあまりにも多かった。
だから、ピッチャーをやり切ってみたかった

（「大谷翔平 野球翔年 Ⅰ」P67）

大谷翔平は花巻東高時代に「メジャー挑戦」を公言しています。日本のプロ野球を経ることなく、直接、メジャーに挑戦するという強い意志を示していますが、その時、大谷の頭にあったのは「ピッチャー」であり、二刀流を思い描いていたわけではありません。

打者としての資質も高く評価される中、なぜそれほどまでにピッチャーにこだわったのでしょうか。理由は「ピッチャーとしては高校時代にやり残したことがあまりにも多かった。だから、ピッチャーをやり切ってみたかった」からです。

大谷は高校2年生の夏と、3年生の春の2回、甲子園に出場していますが、いずれも初戦で敗れています。2年生の夏の帝京との1回戦では、足の痛みのため二番手としてマウンドに上がっていますが、実力とは程遠いピッチングしかできませんでした。3年生の時には大阪桐蔭と1回戦で当たり、藤浪晋太郎から本塁打を放ったものの、やはりケガの影響から満足なピッチングはできませんでした。

「負けた思い出、悔しい思い出しかない」が大谷の甲子園であり、特に「ピッチャーとしては高校時代にやり残したことがあまりにも多かった」ことが大谷の「ピッチャーをやり切ってみたい」という思いにつながったのです。だからこそ、日本ハムの「両方やればいい」が大谷の心を動かすことになったのです。

5

バッターとしての自分が
どんどん良くなっていくのを感じました。
思っていたよりも、もっと上の自分がいたので、
バッティングが楽しくなってきたんです

（「大谷翔平　野球翔年　Ⅰ」Ｐ67）

大谷翔平の人生を見ていると、「禍福《かふく》は糾《あざな》える縄の如し」という諺を思い浮かべます。大谷が花巻東高校に入学した時、監督の佐々木洋の頭にあったのは「ピッチャー・大谷」でした。「もしかしたら、ピッチャーとして3年間、順当にいっていれば、『バッター・大谷翔平』があそこまでのものになっていなかったかもしれない」と振り返っています。

ところが、高校2年生の夏に骨端線損傷という大きなケガをしたことでピッチャーができなくなり、代わりにバッティング練習に力を入れるようになります。試合でも3番4番を打つようになり、バッターとしての才能が大きく開花したのです。当時のことを大谷は「バッターとしての自分がどんどん良くなっていくのを感じました。思っていたよりも、もっと上の自分がいたので、バッティングが楽しくなってきたんです」と振り返っています。

メジャーリーグに移籍した1年目と2年目も大谷は手術などにより、ピッチングのできない時期がありますが、この時も大谷はバッティングに専念することで「今の僕は打者として成長している」ことを実感しています。ケガは歓迎すべきものではありませんが、ケガとその時の取り組みが大谷の野球人生を大きく変えたのはたしかです。

6

とことんまで『どっちも伸ばそう』と考えるようにしています

（「大谷翔平 野球翔年 Ⅰ」Ｐ94）

大谷翔平を見て多くの人が驚くのは、Y字路を前にして、誰もが考えるのは「どちらの道を行くか」であるのに対し、「どちらも」という選択をしたことです。もちろん大谷に「両方をやらせてみたい」と思わせるほどの圧倒的な才能があったからこそですが、決して楽ではないはずの「どちらも」を選択しただけでなく、10年以上に渡って続けているところにすごさがあります。

とはいえ、体力的にもきついはずの二刀流を大谷はいつまで続けるのでしょうか。「どちらも」から「どちらか」を選ぶ時期は来るのでしょうか。大谷はこう答えています。

「いつか、どちらかに絞ろうと思っていたら、知らない間に『どっちがいいのかな』というところに目が行ってしまって、僕自身の中で選ぶという発想になってしまうと思うんです。だからそういうふうには考えていません。とことんまで『どっちも伸ばそう』と考えるようにしています」

たしかにどちらかに絞ることを前提にしてしまうと、「選ぶ」気持ちが強くなり、どちらかに力を入れ、どちらかが疎《おろそ》かになる恐れがあります。周りの声にも影響されるかもしれません。とことんまでどちらも伸ばす。どちらかを選ぶことになるか、両方やり続けることができるかは大谷が言うところの「野球の神様」が決めてくれるのです。

7

そこには正解がなくて、
僕としては『やったことが正解』
というだけなんです

（「道ひらく、海わたる」P291）

大谷翔平に関してしばしば議論になるのが、「もし投手をやらないで打者に専念していたらもっとすごい記録をつくったんじゃないか」「もし打者をやらずに投手に専念していたらどうなったんだろう」です。

たしかに興味深い議論です。科学の実験ならさまざまなシミュレーションをすることで、「何が正解か」を導き出すことはできますが、大谷に限らず誰もが人生を生き直すことができない以上、所詮は「興味深い議論」に過ぎません。

大谷自身こんなことを言っています。

「もしかしたら、片方をやっていたほうがいいのかもしれない。でもやっぱり、2つをやっていたほうがいいのかもしれない。そこには正解がなくて、僕としては『やったことが正解』というだけなんです。そう信じたいという気持ちがありますし、自分がやってきたことを信じたい」

Aを選ぶか、Bを選ぶかという時、人はしばしば「どちらが正解か」を考え、迷いますが、どちらかしか選ぶことができない以上、やるべきはAとBのどちらを選んだとしても、「これを選んで正解だった」と思えるような悔いのない生き方をすることです。「どちらが正解か」を考えるより、「選んだものを正解にする」のが大谷の生き方です。

8

その道は、今はまだ見えているようで
見えていないと思いますね。
教わる先輩もいないですし、
自分で1個1個やるべきことを
見つけて作っていかなければいけない

（「道ひらく、海わたる」P311）

大谷翔平が「右投げ左打ち」の理由は、父親が左打ちのため、「はじめから翔平の打ち方は指導しやすい左打ちにした」からです。自身の体験をベースにした教えであり、そこからは自分のバッティングを自分で作り上げてほしいというのが父親の考えでした。

父親がそうであったように、監督やコーチは自分の経験や学んだことをベースに指導をするわけですが、その点、大谷は素質的にも体格的にも日本人離れしたものがあり、かつ投打の二刀流ということで、監督やコーチにとっては「どのように起用するか」は手探りでしたし、大谷自身、前例のない道を歩む以上、自分で考え、見つける作業を欠かすことはできませんでした。こんな話をしています。

「教わる先輩もいないですし、自分で1個1個やるべきことを見つけて作っていかなければいけない」

「長身の投手という前例はあったりすると思うんですけど、僕のフィジカルでの前例は1つもないので」

まさに誰も歩んだことのない道を、自分で考えながら進んでいく、という周りから見たら大変な生き方と言えますが、大谷自身はそれを楽しんでいるし、あとに続く選手の役に立つのでは、とも考えています。

9

なんと言っても、比べる相手がいないので。どう評価すべきなのか、難しいところです

（「大谷翔平 二刀流メジャーリーガー誕生の軌跡」Ｐ２４５）

大谷翔平は2021年にはアメリカン・リーグのMVPを獲得していますが、2022年にはニューヨーク・ヤンキースのアーロン・ジャッジが大谷を抑えてMVPに輝いています。同年、62本のホームランを打ったことが決め手となりましたが、大谷の成績も見事なものでした。成績は下記の通りです。

投手として15勝9敗、防御率2・33、奪三振219

打者として打率273、本塁打34、打点95、盗塁11

数字だけを見れば、大谷の成績はどちらもメジャートップレベルであり、その貢献度は両方をこなす大谷のほうがジャッジを上回るはずですが、メジャーで使われるWAR（選手の総合貢献度を表す指標）を算出するとジャッジが10・6、大谷が9・6になります。理由は大谷はDHで守備につかないため、守備位置補正でマイナス1・7がつき、結果的にジャッジの数字を下回ってしまうのです。

これまで大谷のような選手がいなかったため、投手と打者の両方で大きな貢献をする選手の「総合貢献度」を正しく評価できていないという問題が起きているのです。大谷のような選手がたくさんいれば、数字の良し悪しも比べやすいものの、「比べる相手がいないので、評価が難しい」のもパイオニアならではの悩みと言えます。

10

『自分の才能を信じたほうがいい』という
イチローさんの言葉のおかげで自信を持てましたし、
その自信を持ってグラウンドに入って行けるように
なったのは、あの言葉がきっかけです

（「Number」968.969　P17）

大谷翔平はいつも自信にあふれ、楽しそうに野球をやっているように見えますが、そんな大谷もメジャーリーグ1年目のスプリング・トレーニングは投手としても打者としても思うような結果が出ず、少し自信を失いかけていました。

日本の若きスターで、ベーブ・ルース以来の二刀流に挑戦するというだけでも大きな話題ですが、加えてアメリカのマスコミやファンの中には「本当にそんなことができるのか」と懐疑的な見方をする人もたくさんいました。そんな中、結果を求められるわけですから大変です。

その頃、大谷はイチローを訪ね、1時間ほどの会話を交わしています。その時、イチローから言われたのが「自分の才能を信じたほうがいい」でした。そしてこの言葉のおかげで大谷は「自信を持てましたし、その自信を持ってグラウンドに入って行けるようになった」と振り返っています。同じ頃、大谷は自分の獲得に力を尽くしてくれた当時のエンゼルスGMビリー・エプラーからも「能力はあるんだから、自信を持ってやればいい」と励まされています。

人は時に不安になり、自信を失いかけることがありますが、そんな時の「温かい言葉」はその人の背中を押し、困難に向かう力を与えてくれるのです。

11

ピッチャーだけ、あるいはバッターだけでしたら、
立てやすい目標もあったし、
描きやすい未来もあったと思います。
でも、なかなか参考になるものが僕にはなかった。
だから、1個1個、自分で作っていく。
僕にとってはそれがよかった

（「道ひらく、海わたる」P227）

大谷翔平のすごさを語る時、よく使われるのが、他の選手との比較です。

たとえば日本ハムファイターズ時代の3年目、大谷は15勝5敗、防御率2・24の成績を上げていますが、日本ハムの先輩ダルビッシュ有は同じく3年目に15勝5敗、防御率1・82を記録しています。その後のダルビッシュの活躍を見れば、これだけでも投手としての大谷のすごさはわかりますが、大谷は投打の二刀流だけに、もう一方に打者・大谷も存在します。

日本では打席数も少なく、松井秀喜とは比較できませんが、メジャーリーグに移籍してからの大谷の数字はある時期から松井の記録を次々と更新しています。大谷がもしピッチャーだけ、バッターだけだったら、ダルビッシュ有や松井秀喜と比較することで、その未来はもっと描きやすかったかもしれません。日本ハム時代の5年間について「このぐらいになりたいとか、5年目にはこういう選手になりたいというのが鮮明になくて。なかなか参考になるものが僕にはなかったし、基準となって『だから自分はこうなんだ』というものがなかったのはたしかです。だから、1個1個、自分で作っていく。僕にとってはそれがよかった」と話していましたが、誰も歩んだことのない道を進むというのはそういうことなのです。

12

今まで、僕はさんざん
疑り深い目と戦ってきました

（「SHO-TIME」P327）

イチローがかつて会見で「僕は子どもの頃から人に笑われることを達成してきた」という話をしたことがあります。子ども時代、熱心にバッティングセンターに通うイチロー少年を見て、大人たちは「プロ野球選手にでもなるつもりか」と笑ったといいます。日本からメジャーリーグへの挑戦を決めた時も、「首位打者になりたい」と言って笑われますが、こうしたことのすべてを見事に実現しています。

大谷翔平も投打両方への挑戦に関しては、笑いというよりは「プロをなめてるのか」と怒りのこもった嘲笑や、「できるはずがない」という疑いの目をさんざん向けられていいます。大谷の素質を疑う人はいなかったものの、「両方をやる」ことについては、「どちらかに絞ればすごい選手になれるのに」という声がほとんどで、メジャーリーグでも2021年のシーズン前は、それまでのケガや手術の影響もあり、「そろそろどちらかに絞ったほうがいいのでは」という崖っぷちに立たされていたのは事実です。

そんな疑いの目の中で大谷はどう戦ってきたのでしょうか？　こう話しています。

「自分が重圧に押しつぶされないように努めてきました。僕はただ楽しんで、その結果どこまで数字を伸ばせるのか。自分の力を出し切りたいだけです」

今や二刀流として大谷の力を疑う人はなく、後を追う若者も増えています。

第2章

どこまでも成長したい

13

伸びしろですか？
伸びしろしかないと思ってます

（「大谷翔平 野球翔年 I」P300）

大谷翔平のメジャーへの移籍と、それまでの日本人選手の移籍の大きな違いは、年齢的な若さはもちろんのこと、それまでは日本でトップになり、やるべきことはやり尽くした感の選手が挑戦する、というイメージを変えたところにあります。

打者で言えばイチローや松井秀喜は誰もが認める「日本のナンバーワン」でしたし、松坂大輔やダルビッシュ有、田中将大も日本で圧倒的な成績を残し、「日本には敵はいない」に近い状態でメジャーに移籍しています。もちろん大谷も二刀流として素晴らしい成績を残し、チームも日本一へと導いていますが、本来なら「あと2、3年」して、それこそ「大谷無双」状態で行くというのがそれまでの考え方でした。

こうした考え方に対し、大谷は「『トップに上り詰めてから』というのは素敵だと思いますし、格好良いとも思います。でも僕は『今、行きたい』から行く」という考えから移籍を決意していますが。同時にこうも考えていました。

「伸びしろを持った状態でアメリカへ行って、その中でピークを迎えたい」

たしかに日本でもできることはまだあるものの、それがアメリカでできないかというと、そうではありません。「伸びしろしかない」と考える大谷にとって、日本では経験できないほどの成長や飛躍を引き出してくれる場所、それがアメリカだったのです。

14

僕の才能が何かと考えた時、
それは伸び幅なのかなと思いました。
だから投げることも打つことも、
変えることは怖くないし、どんどん新しいこと、
こうかなと思ったことをやってみることができる

（「Number」963 P20）

大谷翔平は今や野球の歴史の中でも屈指の才能を持つ野球選手の1人として認知されています。その才能や素質は早くから多くの人が認めていたもので、花巻東高校の監督・佐々木洋は野球部の部長から「ダルビッシュ有みたいな投手が岩手にいます」と言われ、最初は「いるわけないだろう」と半信半疑で中学生の大谷の映像を見て、「とんでもない素材だな」とビックリしたと振り返っています。

大谷を早い時期から追いかけていたロサンゼルス・ドジャースの日本担当スカウトの小島圭市も、高校卒業と同時にアメリカに渡り、3年くらいのマイナーリーグを経れば、「サイ・ヤング賞を2、3回獲るのでは」と言うほど大谷の才能にほれ込んでいました。言わば、「才能の塊」のような選手ですが、大谷自身は自分の才能について、「伸び幅」と答えています。日本ハムファイターズ時代の最初の頃、大谷の投球はボールが急に暴れ出す危うさがありましたが、ある時期を境に安定します。

2年目の10勝目を挙げたソフトバンク戦で、相手の先発ピッチャーだったスタンリッジの投げ方を見て、「そっちのほうがいいかな」と真似をしたのです。普通はあり得ないことですが、大谷は「こうかな」と思ったら、すぐに挑戦するし、変えることを厭《いと》いません。その観察眼や好奇心が大谷のさらなる成長を後押ししているのです。

15

休んでいる間でも
『こういうふうにやってみようかな』と
閃《ひらめ》いたりすることがあります。
僕はそのままウエイトルーム、室内練習場へ行って、
その閃きを試すことが多いですね

（「道ひらく、海わたる」P224）

科学の世界などでも閃きはある日突然、それもほかの事をやっている時に訪れるというのはよく知られています。だからこそ科学者の中にはトイレやベッドの脇などに筆記用具や紙を置いておいて、忘れないうちに書き留める人がいるほどです。

大谷翔平の閃き（「うまくなる瞬間」と呼んでいます）は、練習中に訪れることもあれば、部屋で休んでいる時に訪れることもありますが、そんな時に心がけているのは「書く」ことよりも、「すぐに試す」ことです。

子どもの頃、大谷はパソコンでユーチューブを頻繁に見ていました。見ていたのは優れたバッターのタイミングの取り方や、すぐれたピッチャーの投げ方ですが、それを見ながらああでもない、こうでもないと考え、何かが閃いたら、部屋の障子を開けて、窓に映る自分を見ながらフォームをチェックしていたといいます。

そしてプロに入ってからは、練習中の閃きはすぐに試すことができますが、部屋で休んでいる時にはそうもいきません。普通なら「もう遅いし、明日にしよう」となるか、せいぜいメモしておくぐらいですが、大谷は閃いたり、「やってみたい」と思ったら、室内練習場へ行ってすぐに試すといいます。試したとしても時間は5分か10分のことです。それを「明日」にするか、「すぐやるか」はやがて大きな差になるのです。

16

数字については、
原因があって結果があるわけですから、
満足はしていませんけど、納得はしています

（「大谷翔平 野球翔年 I」P75）

日本ハムファイターズに入団した1年目、大谷翔平はピッチャーとしては13試合に登板、3勝0敗、防御率4・23。バッターとしては主にライトを守って64試合に出場して打率2割3分8厘、3本塁打、20打点という成績を残しています。誰も経験したことのない二刀流を手探りしながら続けた結果であり、高卒の新人としては「これだけの試合に出場した」だけでも立派と言えます。

この結果について大谷は独特のコメントをしています。

「数字については、原因があって結果があるわけですから、満足はしていませんけど、納得はしています」

常に高い目標を追い求める大谷だけに、「満足はしていない」はわかりますが、「納得はしています」はどういう意味でしょうか。試合に向けて準備を怠《おこた》らず、練習にも真剣に取り組むのが大谷の特徴です。つまり、自分としてはやるべきことはすべてやっている以上、数字はそのまま今の自分の実力であり、この数字を上げていくためには、さらに練習を積み重ねることが必要だという考え方です。結果はすべて原因によって作られているだけに、大谷は数字という結果に納得したうえで、ひたすらに実力を高めることを求めます。それが満足のいく結果につながる唯一の方法なのです。

17

やってみる。で、実感する。
自信はそのあとに
ついてくるものなのかなと思います

（「大谷翔平 野球翔年 Ｉ」Ｐ３１１）

新しい仕事に挑戦する時や、新しい環境に飛び込む時、人はどのくらい自信を持ち、その根拠はどこから来るのでしょうか。

大谷翔平の自信に対する考え方は「あとからついてくるもの」です。こう話しています。

「日本で両方やるとなった時、僕は日本のプロ野球がどのくらいのレベルなのか、わかりませんでした。実際に打席に立ってみて自分が打てるのか打てないのか、マウンドに立ってみて抑えられるのかどうかということを実感して、それを自信につなげたのかなと思います」

大谷の考え方は、何事も「まずやってみる」です。世の中には「自信がないから」という理由で初めから「やらない」という選択をする人がいますが、大谷の場合は「やらないというのがもったいない」からという理由で、まずやってみることを優先します。やってみてダメなら変えればいいし、「結構やれるな」となれば、それがあとから「自信になる」という考え方です。大切なのは「自信があるかないか」ではなく、何でもまずやってみることです。自信はそのあとからついてくるものなのです。

18

投げないと成長できない

（「ルポ大谷翔平」P117）

メジャーリーガーであれば誰もが手にしたいのがワールドシリーズの優勝リングです。日本人選手では松坂大輔、上原浩治、松井秀喜（MVPも獲得）など11人が手にしていますが、野茂英雄やイチローはワールドシリーズに出場することもできませんでした。

当然のことながら大谷翔平が目指しているのは「3番・投手」としてワールドシリーズに出場し、優勝することですが、残念ながらここ何年もエンゼルスは西地区で勝ち越すことさえままならぬ状況が続いています。結果、ポストシーズンの進出も難しく、8月、9月は来年を見すえての戦いとなるわけですが、大谷は常に全力プレーを怠ることはありません。「どんなモチベーションでマウンドに上がっているのか」と聞かれ、こう答えています。

「投げないと成長できない」

「バッターとして言うなら、ピッチャーとの感覚は実戦でしか養えません」

大谷が目指していているのは1試合ごと着実に成長していくこと。それは練習だけで養えるものではなく、実践の場で投げること、バッターとして打席に立つことで養われ磨かれるものです。目標が遠のいた試合に出ることは相当きついはずですが、それ以上に大谷にとっては成長し、チームに貢献することが大切なことなのです。

19

世の中にそういう存在（自分より上手い子）がいるんだということは、同い年や年上の子がいる団体の中で野球をやってみて初めてわかることですから

（「大谷翔平　野球翔年Ⅰ」Ｐ２５８）

「才能ある若手にこそ、挫折を経験させなければならない」は20世紀を代表するサッカー選手にして名監督だったヨハン・クライフの言葉です。才能ある若手はその年代では群を抜く存在ですが、クライフはそんな有望な若手は年長のチームなどに入れ、挫折を経験させながら、挫折を乗り越える術《すべ》を自分で考える選手へと育てることを信条としていました。

大谷翔平は小学2年生で野球を始め、早くからリトルリーグに入って硬式野球を始めています。当時から足も速く、強いボールを投げることができたものの、さすがに「年上のお兄ちゃん」たちは大谷よりキャッチボールが上手くて、大谷の球をいい当たりをします。大谷はそんなお兄ちゃんたちにライバル意識を燃やし、「負けたくないな」と思いながら懸命に練習に取り組みます。こう振り返っています。

「打たれて悔しかったのかな。でも、悔しさよりも次の週末が待ち遠しいという気持ちのほうが強かったと思います」

やがて大谷は年上の子どもたちと互角に渡り合うようになり、徐々に子どもとしては「規格外」の力を発揮するようになります。自分より上手い、もっとすごい選手の所に飛び込み成長すること、それこそが大谷がメジャーを目指した理由でした。

20

最初から『これ嫌だな』みたいなのは嫌いなので。とりあえずやってみて駄目だってなるのはOKだと思います

（「別冊カドカワ　大谷翔平」Ｐ１８５）

大谷翔平の特徴の1つに、何かが閃いたり、アドバイスを受けたら、「まずやってみる」があります。「とりあえず自分がうまくいきそうかなと思う練習には取り組んでみます。それが良くない方向に出たとしても、それが無駄なことではないと思うので」と話しています。

2018年のスプリング・トレーニング。大谷はオープン戦を含めて良い成績を残すことができませんでした。投球が速くても制球が定まりませんでしたし、打撃も当初は「高校生の打者みたいなものだ」と揶揄《やゆ》された時期もあります。そんなある日、ドジャースとのオープン戦のさ中、大谷は打撃コーチから、「足を上げずに振ってごらん」と声を掛けられます。大谷のフォームがタイミングのずれにつながっているうえ、足を上げなくてもパワーは伝えられるという理由からでした。

大谷はその場ですぐに実践し、すぐさま何球か打つと、ドジャー・スタジアムのスタンドに放り込み、「いいですね。やりましょう」と答えます。以後、大谷は足を上げないフォームになっています。この柔軟さ、調整の速さに周りの選手は驚きますが、それは間違いなく大谷のパワーを活かす変更でした。「上手くいきそうだな」と思ったら、まずやってみる。それが大谷の流儀でした。

21

正解というものがあって、今の自分が試しても上手くいかないことがあるかもしれません。その時に筋力がなかったからできなかったと思うのか、投げ出してしまうのか。その差は大きい

（「道ひらく、海わたる」P279）

企業で若い社員がある提案をした時に、上司が「それは昔やってみたけどダメだった」と一蹴《いっしゅう》した時のことです。他の人は「じゃあ、ダメだな」と諦めたのに対し、ある人が「その時はダメだったかもしれないが、今の環境や技術だとできるかもしれないぞ」と発言、やってみたところうまくいったという話があります。

大谷翔平は他の選手の映像を見たり、練習中に気づいたことがあると、すぐに試すことを習慣にしています。もちろんすべてがうまくいくことはなく、本当にイメージがヒットするのはごくわずかですが、かといって残りすべてを役に立たないと捨てることはありません。理由は「試したその時に筋力がなかったからできなかった」というケースもあるからです。気づき自体は「正解」ではあっても、まだそれをやりこなすだけのものが自分になかったということでしょうか。同様に技術や環境の問題でできないこともあるかもしれません。

大切なのは表面上の結果ではなく、本質を理解することです。挑戦してできなかった時、「ダメだ」と投げ出すのではなく、「なぜできなかったのか」という真因を知る努力をすれば、その挑戦が諦めるべきものか、この先も努力するのに値するかどうかが見えてくるのです。

22

思い通りに投げられなかったボールで
抑えたことをオッケーにしちゃったら、
成長するチャンスを失うことになるし、
もったいないじゃないですか

（「Number」881 P19）

ボクシングの世界に「ラッキーパンチ」という言い方があります。ボクシングの試合で実力の低い選手が出したパンチが、偶然タイミングよく相手にヒットしてノックアウトするという意味ですが、そこから転じて、実力は伴わないのに、偶然や運で成功を収めることという意味で使われます。

大谷翔平は「打たれたら、そんなのベストピッチじゃない」と言い切るほどに投げるボールにこだわりを持っています。つまり、自分がベストピッチをすれば、絶対に打たれないという自信があるわけですが、その分、打たれた場合は、それはベストピッではないし、どこかに問題があると考えるタイプです。

そんな大谷から見れば、ラッキーパンチは反省こそすれ喜ぶべきものではありません。時には思い通りに投げられなかったボールで相手を抑え込むこともあるはずですが、それは単なる偶然であり、やるべきことは「抑えられて良かったね」と喜ぶことではなく、「なぜ思い通りに投げることができなかったのか?」という反省です。

勝ち続ける人、成長し続ける人の特徴は、負けた時、失敗した時の反省だけでなく、勝った時、成功した時にこそ反省することですが、大谷にとって「思い通りに投げられなかったボールで抑えた」ことは反省点であり、成長へのチャンスでもあるのです。

23

正解はないと思うんですけど、
人は正解を探しに行くんですよね。
『これさえやっておけばいい』
というのがあれば楽なんでしょうけど、
たぶんそれは『ない』と思うので

（「道ひらく、海わたる」P316）

ビジネスにおいて部下を育てるために最も有効なのは、「答えを教えるのではなく、自分で考えさせる」ことです。最初から答えを教えると、たしかに失敗もないし、早く成果を上げることができるわけですが、それでは自分で考える力が育ちません。ましてや答えがあるかどうかわからない場合、問われるのは考える力です。

大谷翔平は誰もやったことのない二刀流に挑戦しているだけに、そこには「これさえやっておけばいい」という正解などないことをよく知っています。もちろん「投手ならこれを」「打者ならこれを」といった指針はあるはずですが、大谷の体格やパワーにそれが合うかどうかはわかりませんし、ましてや投打の両方を高いレベルでやろうとすると、そうした指針は参考にはなっても正解とはなりません。

だからこそ大谷は自分で閃いたことや、何かを見ていて気付いたこと、第三者の意見で参考になるものがあれば、「とりあえずやってみる」を大切にしています。やってみて良ければ取り入れればいいし、ダメならやめればいい。世の中には正解がないことや、正解を誰も教えてくれないことを嘆き、不満を言う人もいますが、正解は教えてもらうものではなく、自ら探し求めるものです。誰もやったことのないことに挑戦する以上、自分で考え、自分でやってみることで、正解を探し続けているのです。

24

第三者から意見をもらうのは、邪魔にはならないですから

（「SHO-TIME」Ｐ２０７）

大谷翔平は2021年、メジャーリーグにおいて二刀流として素晴らしい活躍を見せますが、それを可能にしたものの1つがシアトルにある野球トレーニング施設「ドライブライン・ベースボール」を訪れたことだと言われています。

大谷はキャンプなどでのキャッチボール前、同施設が提唱するさまざまな重さのボールを使い、壁投げなどでウォームアップします。さらに投球練習に際しては、「腕にかかるストレスレベルを計測する」ために右前腕にサポーター状のバンドを巻きますが、これも同施設の提唱するものです。こうしたトレーニングやデータを活用することで「1年間、二刀流としてフルに活躍するための一番いい登板間隔や球数を探す」ことができるのです。

同施設はメジャーを代表する投手たちも利用していることでわかるように、過去の経験や常識に頼っていたシーズンに向けての正しい準備の仕方や、シーズン中にとるべき休養期間を科学的データに基づいて教えてくれるところに大きな意味がありま す。大谷が同施設を訪れたのは、過去の3年間の実績を踏まえ、「すべてを見直す」必要を感じたからです。のちに「あそこに行くのはいい案だと思いました。第三者から意見をもらうのは、邪魔にはならないですから」と振り返っています。

25

やらされていたメニューではなくて、
取り組むトレーニングが
どういう成果に結びつくのかを
ちゃんと理解してやるのと、
やっていないのでは、成果は大きく違ってくる

（「道ひらく、海わたる」Ｐ２９２）

「仕事には納得が必要だ」はビジネスの世界でよく言われる言葉です。「上司から指示された」という理由だけで納得のいかないままに仕事をすると、良い結果が出ないことがよくあります。そして失敗しても、「上司がやれと言ったからやっただけ」と責任転嫁するようではいつまで経っても成長できませんし、成果も上がりません。

成果と成長に欠かせないのが「納得」なのですが、スポーツの世界でしばしば見受けるのが「なぜやるのか」がわからないままの「やらされる」練習やトレーニングです。もし「何のためにやるんですか」などと聞こうものなら、「いいから黙ってやれ」と一喝され、やってはみるものの、何だかすっきりしない気持ちが残ることになります。

大谷翔平はこう話しています。

「やらされていたメニューではなくて、取り組むトレーニングがどういう成果に結びつくのかをちゃんと理解してやるのと、やっていないのでは、成果は大きく違ってくる。そこはちゃんと理解してやってきた自信はあります」

自分で「これをやりたい」と決めたことに対しては圧倒的に頑張れるという自信があるだけに、誰よりも「それは何のためにやるのか」を重視しています。

26

わかっていてできる人が天才なら、
僕はわかっていてもできないので
たくさん練習しなきゃいけない

（「Number」980 P18）

広島東洋カープや読売ジャイアンツで投手として活躍した川口和久がよく言っていたのが、「いくら頭でわかっていても、身体が動かなければ、知らないのと一緒でしょ」です。川口によると、この一球という時に、きっちりインコースに投げるには、下半身の使い方、腕の振り方、すべてを体で覚えてくことが重要で、そうやって筋肉がインコースの投げ方を記憶してこそ狙ったところに投げられるようになるのです。

大谷翔平によると、「こういうふうに打てば打球が上がる」という明確なイメージがあり、ボールに対する入り方も振り方もわかっているにもかかわらず、「わかっていても、できない」ことがあるといいます。自分のイメージ通りに打てれば、打球は上がるはずなのに、それができない時、もどかしさを感じるし、だからこそ練習が必要だと考えていました。こう言っています。

「わかっていてできる人が天才なら、僕はわかっていてもできないのでたくさん練習しなきゃいけない」

大谷自身、わかっていることはできるほうだといいますが、それでもできるまでにはある程度の時間はかかりますし、ピッチングはバッティングよりもさらに時間がかかるといいます。だからこそたくさんの練習が欠かせないのです。

27

改めて、積み上げてきたものを
継続することの大事さとか、
何を捨てて何に新しく取り組んでいくのかを
選択することの難しさを感じました。
やっぱり変えちゃいけない部分はあるし、
自分のスタイルの軸になるものはある

（「大谷翔平 野球翔年 Ⅰ」Ｐ１９３）

企業というのは「変化対応業」と言われているように、時代の変化やお客さまの嗜《し》好《こう》の変化に合わせて変わり続けることが求められますが、その際、大切なのは変えていいものと変えてはいけないものをはっきりとさせたうえで変わるということです。そこを間違えるとせっかくの変化が裏目に出ることもあるのです。

大谷翔平は日本ハムファイターズでの2年目にはベーブ・ルース以来の「2桁勝利、2桁本塁打」を達成、3年目には開幕投手を務め、最多勝も最高勝率のタイトルも手にしています。投手として花開いた年と言えますが、打者としては109打数22安打、ホームラン5本という不本意な成績に終わっています。なぜ思い通りのバッティングができなかったのでしょうか？　理由はこうです。

「野球を始めてから、ずっと継続して蓄えてきた技術を無視して取り組んでみたシーズンでしたけど、改めて、積み上げてきたものを継続することの大事さとか、何を捨てて何に新しく取り組んでいくのかを選択することの難しさを感じました。やっぱり変えちゃいけない部分はあるし、自分のスタイルの軸になるものはある」

大谷はこの年、変えてはいけないものを変えてしまったと反省しています。大谷にも変えていいものといけないものがあるのです。

第3章

はるか高みを目指して

28

『目標を達成したな』って自分が思う瞬間が、あまりない

（「別冊カドカワ　大谷翔平」Ｐ１８０）

大谷翔平は日本でもメジャーリーグでも二刀流として数々の記録を打ち立てています。新人王やMVPも獲得し、日本では投手の三冠なども獲得しています。しかし、こうした場合もどちらかと言えば淡々とした態度をとっていますし、節目となる勝ち星や節目となる本塁打記録、あるいは「日本人メジャーリーガーとして初めて」といった記録にはこだわりを見せていません。

大谷の目標に対する考え方はこうです。

小学2年生でリトルリーグに入った時の大谷の目標は「ゲームに出たい」でしたが、スタメンで出られそうになった時には、「4番を打ちたい」に変わっていました。4番を打てそうになった時には、「エースとして投げたい」に変わり、やがてプロ野球選手になりたいなと思い始めた頃には、「高校3年生の時に全国で30番以内（ドラフトで指名される高校生が30~40人なので）にうまい選手になろう」と考えています。

高校に入り、ドラフトにかかりそうだなと思い始めた時には、「1年目に何勝したい」と考えていたといいますから、大谷は目標を掲げて、「目標を達成したな」と感慨に浸る間もなく、その「はるか先の目標」を追い求めていたといえます。「世界一の野球選手になりたい」と考える大谷にとって、目標はいつだってはるか先にあるのです。

29

バッターは3割打ってすごいと言われますけど、
やっぱり一度のミスもなく打率10割の時に
100%と思えるんじゃないですかね

(「道ひらく、海わたる」P305)

「野球は失敗のスポーツ」と言われるのは、プロにおいて好打者と呼ばれる3割バッターであっても、残りの7割は打ち損じているからです。あるいは、かつての好投手がよく言っていた「マウンドに上がる時にはいつだって完全試合を目指している。四球を出したらノーヒットノーランを目指し、ヒットを打たれたら完封を目指す」も、現実には完全試合やノーヒットノーランは滅多にできるものではありませんし、投手の分業制が進む時代には完封さえ現実的な目標ではなくなっています。

大谷翔平はこうした野球の現実を踏まえたうえで、途轍《とてつ》もない目標を掲げています。

「自分のバッティングがどれぐらいのパーセンテージまで来ているのかがわからないし、何を持って100%と思えるのかもわからない。ただ、バッターは3割打ってすごいと言われますけど、やっぱり一度のミスもなく打率10割の時に100%と思えるんじゃないですかね」

途轍もない目標ですし、投手という相手がいる以上、すべての試合で「打率10割」を達成できるとは思えませんが、そんなあり得ない目標を追い求めるからこそ大谷は常に変わることができるし、絶えず進化していくことができるとも言えます。人がどこまでいけるかは「目線の高さ」で決まるものなのです。

30

去年がそこそこ良かったので、
去年と同じような成績を
残そうと思っていたら、
その基準をクリアするのさえ難しい

（「Number」1048 P15）

プロ野球の世界に「2年目のジンクス」という言い方があります。たとえば入団1年目に素晴らしい成績を上げた選手でも、翌年になると成績がガクッと落ちることがあるのがプロの世界です。

大谷翔平は2021年にMVPをとるほどの活躍をしますが、その翌年も同様の活躍をして、2023年もホームラン王を取る勢いで打ち続けています。その姿を見た元メジャーリーガーが「いずれ失速すると思っていたが」と言っていました。それほどにメジャーリーグの競争は激しく、大谷が活躍すればするほど、大谷を攻略するための研究も進むわけですから、MVP級の活躍を2年、3年と続けるのはそれだけで驚嘆に値することなのです。そんな厳しさを知るだけに、大谷はこう話しています。

「去年がそこそこ良かったので、去年と同じような成績を残そうと思っていたら、その基準をクリアするのさえ難しい」

去年どんな素晴らしい成績を上げたとしても、「去年できたんだから、今年も去年と同じようにやれば、同じくらいの成績が残せるだろう」という甘い考えでいたら、あっという間に成績は下降します。キツいれども、常に研究や練習を怠らず、自分をアップデートさせ、更新し続けていかなければならないというのが大谷の考え方です。

31

27球のピッチングと
81球のピッチングのバランスを
併せ持っているというのが理想ですね

（「Number」1040 P12）

大谷翔平のバッターとしての理想が「10割打つ」ことであり、「何も考えずに来た球をホームランにする」ことだとすると、ピッチャーとしての理想は「27球のピッチングと81球のピッチングのバランスを併せ持っている」というものです。

27球のピッチングというのは、1試合をすべて初球で打ち取って27球で終わらせる、究極の「打たせて取る」ピッチングです。もう1つの81球のピッチングというのは、全員を3球三振で打ち取るというものです。

どちらも理想的に見えますが、大谷はどちらかではなく、どっちもできるのが理想と考えています。27球で終わらせようとすると、全部の球をバットに当てさせなければならないため、場合によってはその一打が風に乗ってホームランになるかもしれません。そうならないためには、序盤のリスクの少ない場面では球数を多く費やさないように27球のピッチングをして、得点圏にランナーを背負う場面や終盤の1点を争うような場面では、間違っても一発を打たれないように、3者三振に打ち取るような81球のピッチングが必要になってきます。

この両方を使い分けることができてこそ試合を支配できる、というのが大谷の考え方であり、大谷の理想とする姿なのです。

32

僕は高すぎるところを見てしまうところがある

（「道ひらく、海わたる」P182）

大谷翔平をドラフトで1位指名した日本ハムファイターズのスカウトディレクター大渕隆が初めて大谷を見たのは高校1年生の時です。当初は「背は高いけれども体の線は細かった」大谷ですが、3年生になる直前の春の選抜でのホームランと、高校3年生の時に記録した160キロには衝撃を受けたといいます。

春の段階では既に「ドラフト1位」の評価を受けていた大谷ですが、大渕によると大谷の魅力は身体能力や身体の大きさ以上に「圧倒的な向上心」にありました。その後のメジャーへの挑戦表明を含め、大谷には野球への強い向上心があり、それがブレることは一度もなかったといいます。

入団から2年目、大谷はベーブ・ルース以来の「2桁勝利・2桁本塁打」を達成しますが、感想を求められた大谷は、記録は気にしておらず、それよりもミスショットのほうが気になると答えます。それを聞いた大谷の専属広報はこんなコメントを口にします。「富士山を目指してるか、エベレストを目指してるか。その違いじゃないですか」

大谷自身、「僕は高すぎるところを見てしまうところがある」と話しているように、大谷の向上心は素晴らしいものがあり、常に高みを目指しているところがありました。そしてそれこそが大谷が成長し続けることができる原動力なのです。

33

野球をやっているからには『てっぺん』を目指したいんです

（「道ひらく、海わたる」Ｐ51）

ダルビッシュ有は日本ハムファイターズでエースとして活躍した後、2012年からテキサス・レンジャーズに移籍、今も活躍を続けていますが、移籍を選んだ理由の1つは「僕はすごく勝負がしたい」でした。

ダルビッシュの日本での力量は群を抜いていました。通算7年で93勝を上げていますが、勝率が7割を超える年が5年あるうえ、通算防御率も1点台という恐るべき数字です。日本で敵なしになったダルビッシュにとって、さらなる成長にはさらに強い相手が欠かせなかったというのがメジャー挑戦の理由でした。

大谷翔平も常に「野球をやっているからには『てっぺん』を目指したい」と考えていました。早くから「すごいレベルの高いところで野球をやってみたい」と考えており、高校時代にメジャーリーグでやってみたいという思いが生まれたのはごく当然のことでした。とはいえ、大谷が言うようにオリンピックと違い、野球には金メダルというわかりやすい「てっぺん」はありません。では、何をもって大谷は「てっぺん」と言うのでしょうか。野球はチームスポーツのため個人の「てっぺん」は見えにくいものがありますが、多くの人が「彼は今までで一番良い選手だった」と言うようになれば、そこが「てっぺん」なのです。

34

僕はここまで野球が上手くなった
ということを自分の中に残したいんです

（「大谷翔平　野球翔年Ⅰ」P223）

コンピュータゲームの世界でキャラクターのレベルや能力値といった数値データが上限に達し、これ以上は増えなくなった状態を「カンスト（カウンターストップ）」と言いますが、大谷翔平の発言を見ていると、野球の世界における「カンスト」を目指しているのではと思えてきます。こう話しています。

「ちっちゃい頃から始めて、終わるまでの野球人生、30年以上あったとして、全部の技術を習得することはできないと思うんです。だからどこまでそこへ近づけるのかが一番の楽しみですし、現役のうちにできる野球の技術、すべてに取り組みたい。僕はここまで野球が上手くなったということを自分の中に残したいんです。レベル100の全スキルを持っているのは野球の神様だけですからね」

ある時にはこんなことも言っています。

「プロ野球選手にとって勝ち続けることは大事ですけど、それとは別に、自分の中に何かを残すことはそれ以上に大事なのかなと思っているんです」

はたしてそれが何なのかは大谷自身も「わからない」と言いますし、それは「終わってみなければわからない」とも言っていますが、それは「野球の極意」とか「奥義」のようなものなのかもしれません。まだ長い道のりがあります。

35

ピッチャーは自分主導ですけど、バッターには、受け身の難しさがあります

（「Number」881 P18）

日本で二刀流をやっていた頃、大谷翔平がよく聞かれた質問の一つが「ピッチャーとバッターのどちらが難しいですか?」でした。あるいは「両方やることの難しさはどこにありますか?」という質問です。

高校生であれば、「エースで4番」は何人もいますが、プロに入って両方をやる人がいないのは、「それは無理、難しい」と誰もが感じていたからです。にもかかわらず、大谷は両方をやり、日本ハムファイターズの2年目には「2桁勝利、二桁本塁打」を達成しています。だからこその質問なのでしょうが、難しさについて大谷はこう答えています。

「ピッチャーは自分主導ですけど、バッターには、悪くなって来ると、ピッチャーがもっといいコースに投げてきたり、ボール気味の球をストライクとコールされておかしくなってしまったりという、受け身の難しさがあります」

たしかに力のないバッターや、調子の悪いバッター相手だと、ピッチャーは自信を持って投げることができます。もっとも、大谷自身はそれを言い訳にするようではダメだと考えていました。投げるにしても、打つにしても、受け身ではなく自分主導でなければ、というのが大谷の考え方です。

36

まったく違う環境に行くということは、
どの分野でも不安なことが多いと思う。
でも、さらに良くなる可能性がそこにあったら、
僕はチャレンジしてみたい

（「道ひらく、海わたる」P52）

新しい学校に入る、新しい職場に行く、住み慣れた場所から引っ越しをするなど、人は人生では何度もまったく違う環境に行くという経験をするものですが、そこには期待と同時に、「うまくやっていけるのだろうか」「おかしなことにならないだろうか」といったたくさんの不安もあるものです。

大谷翔平は一旦は高校からそのままメジャーリーグを目指したいという意志を表明しますが、ドラフトで日本ハムファイターズが指名したことによって違う選択をすることになりました。交渉中、大谷は監督の栗山英樹に「アメリカではどうやって失敗するんですか」という質問をして驚かせています。成功ではなく、日本人選手が失敗するのはどんなケースかと質問するのを見て、栗山は「彼は野球選手として大丈夫な方向に進むはずだ」と確信したといいます。

これまで多くの日本人選手がメジャーに挑戦していますが、華やかな成功者の一方には、アメリカで芽が出ずに帰国する人もいます。当然、大谷にもその不安はあったはずですが、大谷自身は技術的にも人間的にも少しでも自分が「良くなる可能性」があれば、新しい環境で「やってみたい」と考えていました。失敗の恐れがあることを十分に承知したうえで、なおかつさらなる成長に向けて挑戦をするというのが大谷の考え方です。

37

その瞬間が、今日来るかもしれないし、
明日来るかもしれない。
もしかしたら、ある日、突然に
何かをつかむ瞬間が現れるかもしれない。
だから毎日練習したくなる

（「道ひらく、海わたる」P278）

大谷翔平はシーズン中はもちろん、オフに入ってもトレーニングを欠かすことはありません。その姿を見て「大谷はなんて野球にストイックに取り組んでいるんだろう」と言われていますが、そこまで熱心に取り組むのは身体を鍛えるのはもちろん、「うまくなる瞬間」がいつ来るかわからないからだと話しています。

大谷によると練習をしている時、「うまくなる瞬間」を感じることがあるといいますが、それはある日突然、降って湧いてくるものではなく、日々、練習を継続していると、ある日突然、「これだ！」というものが出てくるといいます。

そしてそれが現れたら、すぐに試すことを習慣にしています。もちろん現実にはそのすべてが使えるわけではありませんが、たとえ低い確率でも「こういうふうに投げてみよう」「こういうふうに身体を動かしてみよう」というイメージと、実際の動きがマッチすることがあり、それが飛躍へとつながることになります。

大谷はなぜこれほどに練習に熱心に取り組めるのでしょうか？

理由はそんな「うまくなる瞬間」をずっと求めてやっているからです。

「今日来るかもしれないし、明日来るかもしれない。もしかしたら、ある日、突然に何かをつかむ瞬間が現れるかもしれない。だから毎日練習したくなる」というのです。

38

自分の計算の中では
もうピークは始まっていると思っているので、
これがいつまで続くのかな、
いずれは終わってしまうんだよな
という気持ちもあります

（「Number」1069　P15）

プロ野球選手のピークがいつなのかは人によって違いはありますが、よく言われているのは野手の場合は27歳とか28歳あたりにピークが来て、チームの核として活躍するのが30代前半となります。一方、投手の場合はもう少し早いと言われていますが、投球回数や投球スタイルによっても違いがありますし、先発ではなくセットアッパーやクローザーの場合は経験も加味されるため、30代後半になっても活躍できる人は少なくありません。

2023年7月に29歳になった大谷は自らのピークについてこう話しています。

「自分の計算の中ではもうピークは始まっていると思っているので、これがいつまで続くのかな、いずれは終わってしまうんだよなという気持ちもあります」

大谷は向上心が強いだけに、上がっている時はともかく、下がってきた時に一気に気持ちが落ちてこないか、という不安があるようです。年齢を重ねることで野球の技術は上がる一方でフィジカル的には下がってきます。その時、培ってきた技術で対応するか、フィジカルをもっと強くするか。大谷が若くしてメジャーに挑戦したのは、ピークをメジャーで迎えたいと考えていたからですが、全盛期の大谷がこの先どれほどの成績を残し、年齢の壁をどう乗り越えるのかも大いに興味のあるところです。

39

一回しかない現役ですしね。
50代まではやりたいですね

（「道ひらく、海わたる」P312）

プロ野球選手というと、長嶋茂雄が38歳、王貞治が40歳で引退したように、かつては40歳を過ぎても現役を続ける人はほとんどいませんでしたが、最近では山本昌《まさ》が50歳まで現役を続けたように、40代になっても現役としてバリバリ活躍する人もいます。もちろん若かった頃ほどの成績は残せないとしても、なかには山﨑武司のように39歳でホームラン王に輝き、40代になっても2桁ホームランを打つ選手も現れています。

大谷翔平も50代まで野球をやりたいと話しています。

「野球はできる限り長くやりたいし、できる限りの成績を残したいし、そのために毎日毎日、今のうちから基礎体力をつけて、なるべくそれが落ちないようにやっていきたい。現役選手なら誰でも普通にそう考えると思いますが、僕もそういう選手でありたいと思っています」

イチローも50代までの現役を目標にしていましたが、「フライボール革命」などの影響もあり、45歳で引退をしています。大谷のやっている投打二刀流は体力的にもかなりきついはずで、はたして何歳まで今のスタイルを通せるかはわかりませんが、野球にすべてを捧げている大谷であれば、年齢という面でも不可能を可能にしてくれるかもしれません。

第4章

期待を力に変える

40

期待は応えるものじゃなくて、超えるもの。
だから、周りが考える、そのもう1つ上を
行けたらいいんじゃないかなと

（「大谷翔平 野球翔年 I」P31）

「スターがファンの期待に応えるものだとしたら、期待を上回るのがスーパースター」は、「ミスタープロ野球」長嶋茂雄の言葉ですが、大谷翔平も「期待は応えるものじゃなくて、超えるもの」という言葉を好んで使い、そしてそれを実行してきました。

2016年7月、優勝を争うソフトバンクとの3連戦で日本ハムファイターズの栗山英樹監督は大谷を「1番・ピッチャー」で起用します。何としても勝利したい栗山監督は、「どの打順が相手に一番プレッシャーがかかるのか」を考え、大谷の1番起用を決めます。それを告げた時、大谷は特に返事はしませんでしたが、内心ではホームランを狙っていました。こう振り返っています。

「ホームランを狙っていくつもりというか、狙っていました」

打席に入った大谷はプレイボールからわずか5秒後にホームランを放ちます。プロ野球史上初となるピッチャーによる初球先頭打者ホームランですが、それは栗山監督を含め誰もが想像しなかったものであり、観た人すべてに強い衝撃を与えました。「本当にこういう選手がいるんだな」が栗山監督の驚きでしたが、この戦いを経てシーズン後半を迎えた日本ハムは勢いそのままにリーグ制覇、そして日本一を手にすることになったのです。大谷にとって期待は「応えるものではなく、超えるもの」なのです。

41

僕は、今年と同じことを来年以降も繰り返していける自信が結構あります

（「SHO-TIME」P345）

2021年のシーズン終了後、MLBは大谷翔平にコミッショナー特別表彰を授与しています。2014年以来の賞を贈るにあたり、コミッショナーのロブ・マンフレッドは「1シーズンでこれだけのことを成し遂げた選手が目の前にいるのに、それを何もせずに見逃すのは大きな間違いだ」と理由を説明しました。

この年の大谷の成績は投手として「9勝2敗。防御率3・18、奪三振156」、打者として「打率・257、本塁打46本、打点100」という素晴らしいもので、MVPも獲得しています。どちらか一方でも素晴らしいのに、両方を1人の人間が成し遂げたことにメジャーリーグも驚きを隠せなかったのです。

ところが、大谷は「今後」について聞かれ驚くような答えをします。

「僕は、今年と同じことを来年以降も繰り返していける自信が結構あります」

その言葉通り、大谷は2022年には34本の本塁打を打ち、15勝を上げています。さらに2023年にはオールスター前だけで7勝を上げ、32本の本塁打を放っています。この数字を見たジョン・スモルツは「人間が昨年のようなことを経て、翌年同じような活躍をしたり、それを超えるなんて想像できない」と驚きを口にしますが、大谷はそれを3年に渡って現実のものにしているのです。

42

自分の可能性を見出してくれた人に対して、『もっとよくなっている姿を見せたい』と思うのは普通のことじゃないですか

（「道ひらく、海わたる」Ｐ１６１）

大谷翔平が花巻東高校3年生の時、日本のプロ野球ではなく、アメリカのメジャーリーグに行きたいと明言した最大の理由には、大谷のことを1年生の時から見守ってくれたロサンゼルス・ドジャースの日本担当スカウト、小島圭市の存在があります。

小島が初めて大谷を見たのは高校1年生の4月の練習試合です。大谷は4番、ライトで出場していましたが、小島は大谷のスイングを見て、「センス抜群だな」と思い、走る時のバランスの良さに感心します。外野からの送球を見て、「絶対にピッチャーだ」と確信しますが、何より驚いたのは大谷の高度な身体能力でした。

以来、小島は年に何回も岩手に足を運ぶことになりますが、大谷や花巻東の佐々木監督が感心したのは、大谷がケガをして投げられない時や不振の時にも見に来たことでした。スポーツに限らず、いい時には人は寄ってきますが、悪くなると途端に離れていくのに対し、小島は悪い時も負けている時も、ケガの時も見に来てくれるため、大谷はその姿に「すごくありがたかったし、励まされました」と振り返っています。

「自分の可能性を見出してくれた人に対して、『もっとよくなっている姿を見せたい』」と考え、メジャーへの挑戦を決意します。大谷にとって小島はメジャーへの目を開いてくれた恩人でした。

43

二刀流は自分だけのものではない

（「道ひらく、海わたる」Ｐ44）

「大谷翔平＝二刀流」は今でこそすっかり定着していますが、当初は大谷自身も投手と打者の両方で試合に出ることを意識していたわけではありません。プロ野球にドラフトされるような選手であればアマチュア時代に「エースで4番」だった選手はたくさんいますし、大谷も当初はその1人でした。そして大谷自身、高校卒業後すぐに大リーグに行くことを考えていた時に頭にあったのは投手での挑戦でした。

実際、大谷を高校時代から見ていたロサンゼルス・ドジャースのスカウト小島圭市も投手としての資質にほれ込んでいました。そんな大谷を翻意させたのが、ドラフトで1位指名した日本ハムファイターズの「投手と打者の2つをやってみないか」という提案でした。それは大谷にとっても「画期的なアイデア」であり、それが大谷の入団の決め手になっています。そしてそこから誰もやったことのない二刀流への挑戦がスタート、入団4年目には2桁勝利2桁ホームランを記録します。投手とDHの両方でベストナインに選ばれ、パ・リーグのMVPを獲得、チームを日本一へと導いています。

大谷は二刀流を結果で認めさせ、それがメジャーリーグへの移籍につながっています。それは大谷の努力はもちろんのこと、周りの支えがあって初めて実現したものでした。「二刀流は自分だけのものではない」はそんな思いのこもった言葉です。

44

求められるものの幅が、僕の場合は広い。
投げて、打っていますから。
だから、基礎は大事になってくると思いますし、
それがわかっている分、毎日練習をしたくなる

（「道ひらく、海わたる」P279）

第5回WBCにおいて、大谷翔平がアメリカとの決勝戦でブルペンとベンチの間を行ったり来たりする姿がありました。大谷は日本代表の3番バッターとして打席に立ちながら、試合を決める場面ではリリーフに出る予定もあったからです。その姿を見ながら二刀流としての準備の難しさを感じた人もいるのではないでしょうか。

あるいは、メジャーリーグでは登板した翌日にもDHとして打席に立ちますが、これなどもかつての常識では考えられないことです。先発した投手は次の登板までにある程度の間隔を開けており、日本の場合、翌日はリカバリーにあて、次の日を休日、そして次の日からブルペンでの投球にあてることが一般的ですが、大谷の場合、先発した翌日も打席に立ち続けるわけですから大変です。

休みなく試合に出続けること、休みなく練習を続けることの大変さについて聞かれた大谷はこう答えています。

「根本的に僕はアスリートとしての体力は必要だと思っています。求められるものの幅が、僕の場合は広い。投げて、打っていますから。だから、基礎は大事になってくると思いますし、それがわかっている分、毎日練習をしたくなる」

「日々練習、日々継続」こそが不可能と言われた二刀流を可能にしているのです。

45

息子である自分が試合に出るためには
圧倒的な実力がなければいけない

（「道ひらく、海わたる」P89）

「親の七光り」という言い方があるように、人気や実力、地位のある親を持つと、その子どもが同じ道を歩むのはなかなか大変です。何をやっても「親の七光り」と言われ、実力が正当に評価されないという、そんなつらさを味わうことも少なくありません。

大谷翔平の父親・徹は三菱重工横浜で社会人野球のプレイヤーとして活躍した後、地元の岩手に帰り、トヨタグループの関東自動車工業に就職しています。社会人野球の経験者だけに、大谷が所属した水沢リトルリーグでは父親が監督を務め、一関リトルシニアではコーチを務めています。

親子ではあっても、指導者と選手ですから、父親は大谷を特別扱いすることはせず、大谷自身も「同じぐらいの子が自分の息子と同じ実力だったら、息子ではない違う子を試合で使わなければならない」ことをよく理解していました。「息子である自分が試合に出るためには圧倒的な実力がなければいけない。チームのみんなに納得してもらえる実力がなければいけない」と幼いながらに覚悟を決めた大谷は、仲間の選手の何倍も練習することで、圧倒的な実力をつけていきます。

結果、18個のアウトの内17個を三振で奪うほどの力をつけるわけですが、そこにあったのは父親や周囲の期待に応え、信頼される選手になりたいという思いだったのです。

46

やっぱり楽しいですよね。
一番のドーピングじゃないかなと思っているので、
声援があるかないかは

（「ルポ大谷翔平」P80）

野球に限ったことではありませんが、２０２０年に始まった新型コロナの世界的流行はそれまで当たり前だったものが当たり前でないことを教えてくれました。国によって違いはあるものの、多くの国で大勢の人が1か所に集まることや、声を出して応援するといったことが厳しく制限されたことで、多くのスポーツやエンターテインメントが中止や無観客に追い込まれています。

メジャーリーグは２０２０年には予定より4か月遅れで開幕、試合数も60試合に短縮されています。選手たちもビデオルームが密になるのを避けるため、試合中に映像を見られなくなったことで、大谷翔平も自分の投球や打撃を「客観的に見れないっていうのは嫌だった」と振り返っています。幸い翌21年からは人数制限はあるものの、客席にはファンが戻ってきたことで大谷は元気を取り戻します。こう話しています。

「『試合やってるな』っていう感じはしていたので、やっぱり楽しいですよね。一番のドーピングじゃないかなと思っているので、声援があるかないかは」

大谷によると、観客の前でプレーすることで、打席でもマウンドでもより集中できる、データではわからないものの、球場全体の雰囲気がボールとバットに乗り、大きな力になるといいます。同年、大谷は見事にＭＶＰを獲得します。

47

オファーしてくれたすべてのチームに対して、
ベストな投球をしたいと思っています。
スカウトに乗り出したのが
間違いでなかったと思っていただきたいです

（「大谷翔平　二刀流メジャーリーガー誕生の軌跡」Ｐ１１７）

大谷翔平がメジャー移籍の意志を表明した際、関心を示さない球団はありませんでした。日本ハムに2000万ドルの譲渡金を支払ったとしても、投打二刀流でMVPを獲得するほどの活躍をしたうえにチームを日本一に導いた、伸び盛りの23歳のスター選手をバーゲンセールのような金額で獲得できるのですから、多くの球団が獲得に名乗りを上げたのは当然のことでした。

大谷はその中からドジャース、エンゼルス、マリナーズ、レンジャーズ、パドレス、ジャイアンツ、カブスの7つの球団に絞ったうえで面談を行い、最終的にエンゼルスを選んでいます。選ばれなかった球団のGMの1人は残念な思いはしながらも、大谷の真摯な態度に感銘を受けたと話しています。大谷の真摯な態度、相手への敬意はその後の対戦にも表れます。

2018年5月、大谷は候補に残った球団の1つシアトル・マリナーズと対戦、7回途中まで投げて2失点、6奪三振を上げ、3勝目を記録し、こうコメントしました。

「オファーしてくれたすべてのチームに対して、ベストな投球をしたいと思っています。スカウトに乗り出したのが間違いでなかったと思っていただきたいです」

オファーへの感謝とメジャーで成果を上げてみせるという決意のこもった言葉です。

48

（選手生活は）ファンの方々、
球団の方々とつくっていくものだと思っています。
皆さんの応援で僕を成長させてほしいなと。
僕もそれに応えて頑張っていきたい

（「大谷翔平　二刀流メジャーリーガー誕生の軌跡」Ｐ71）

「ファンが選手を育てる」という言い方があります。

野球やサッカー、フィギュアスケートなど会場やスタジアムに多くのファンが見に来てくれて、応援してくれる時、そこから生まれる声援や期待、そして緊張感は、すべてのアスリートにとって「頑張ろう」という気持ちを起こさせ、成長への糧《かて》となるのです。

もちろん負けが込んだり、ひどいプレーをすれば、声援は罵声《ばせい》に変わることもありますが、それも含めてアスリートにとってファンはありがたい存在と言えます。大谷翔平は日本でもメジャーでもファンを大切にする選手として知られていますが、その思いを言葉としてはっきり表したのがエンゼルスでの入団会見でした。エンゼルスを選んだ理由に触れたあと、こんな言葉を口にしました。

「(選手生活は) ファンの方々、球団の方々とつくっていくものだと思っています。僕自身はまだまだ完成した選手ではないですし、皆さんの応援で僕を成長させてほしいなと。僕もそれに応えて頑張っていきたいと思います」

「応援よろしく」は誰もが言う言葉ですが、選手生活を「ファンの方々とつくっていく」は大谷独特の言い方です。誰もやったことのないことをやるためには、何よりファンの後押しが必要だという思いが込められた言葉なのではないでしょうか。

49

ホームランを打てるバッターが毎試合、
逆方向のシングルヒットを狙うのを
見ていて楽しいかと言われたら、
僕は絶対に楽しくないと思う

（「Number」1048 P12）

昔、日本では「王シフト」というのがありましたが、メジャーリーグで大活躍する大谷翔平対策として、2022年までは一、二塁間に野手を3人配置する「大谷シフト」が敷かれることがよくありました。左バッターにとっては不利なシフトですが、なかにはこうした極端なシフトの裏をかいてセーフティバントを試みたり、野手が守っていないところを狙って打つという考え方もあります。

こうした考え方に対して、大谷は「それじゃ、おもしろくないでしょう」と否定的な意見を持っていました。理由は「ホームランを打てるバッターが毎試合、逆方向のシングルヒットを狙うのを見ていて楽しいかと言われたら、僕は絶対に楽しくないと思う」からです。大谷がしばしば比較されるベーブ・ルースもかつて記者から「バットを短く持ってレフトへ流し打ちすれば4割打てるのに」と言われ、「私がレフトへ二塁打を3本飛ばすより、ライトへホームランを1本打つのをファンは見たがっている」と答えています。

大谷は足も速いだけに、打率だけを考えれば、セーフティバントも狙えるし、流し打ちをしてヒットを稼ぐこともできますが、それはあくまでも「たまに」であり、やはりファンが大谷に期待するのは豪快なホームランです。

50

期待されることと計算されることは違う

（「Number」1048 P11）

スポーツでもビジネスでも、「期待の新人」とか、「期待の若手」とは言いますが、「期待の中堅」といった言い方はありません。「期待の」は、「きっとこのくらいはやってくれるのでは」という想定であり、やってくれれば嬉しいし、もしダメだったとしても、「それはそれで仕方がない」という面があります。

大谷翔平は日本ハム時代にもWBCへの出場が望まれていましたが、その時はケガで出場することができませんでした。その意味では2023年はチームにとっても、大谷にとっても念願の出場だったわけですが、大谷はかつてと今を比べて、今のほうがプレッシャーを感じると話していました。理由はこうです。

「(日本代表)チームでの僕はもう主力として計算される立場になったと思っていますから。このくらいはやってくれるだろうという想定とか期待ではなく、計算されている選手としてどういう成績を出すのかというところがプレッシャーなると思うんです」

大谷によると、期待されているうちは頑張ればいいだけですが、計算されるようになると常にそれなりの成績が求められることになります。その分、プレッシャーも感じるし、「ちゃんとやらなくちゃ」という気持ちが湧いてくるというのが大谷の考え方です。期待されているうちはまだまだで、計算されてこそ一人前なのです。

51

選手として大きくなって、
どこからでも欲しいって言われるのが
いい環境だと思っているので、
まずはそこを目指して、
みんな頑張っているんじゃないかと思います

（「別冊カドカワ大谷翔平」P181）

サッカーや野球などのチームスポーツに監督がいる以上、どの選手を必要とするか、誰を使うかはどうしても監督やコーチ、あるいはフロントの好みなどが反映されます。だからこそサッカー選手などがしばしば口にするのが「監督が使わずにはいられない選手になる」です。使われない不満を言うよりも、好き嫌いに関係なく使わずにはいられない選手になることが大切だという意味です。

大谷翔平は日本ハムファイターズが「二刀流をやってみないか?」と提案してくれなかったら「別の人生になっていたかもしれない」と話しているように、人は周りの環境によって左右されることがたくさんあることをよく知っていました。一方で、自分がやりたいことをやるためには、自分がそういうふうにやっていけるように努力して仕向けることが大事だと考えています。

2023年のシーズンが終われば、大谷はFA選手となり、自分の意志で球団を選ぶことができます。史上最高が予想される金額を払えるかどうかは別にして、今の大谷は「チームの顔」になることのできる、「チームを変える」ことのできる選手として認知され、大谷を必要ないと考えるチームはないほどの存在になっています。大谷はまさに2017年に口にした「どこからでも欲しいって言われる」存在へと成長したのです。

第5章

いつも楽しくポジティブに

52

野球を始めた頃から
すごく野球が好きでしたし、
それは今になっても
あまり変わることなくここまで来ている

（「ルポ大谷翔平」P236）

大谷翔平は両親がアスリートだったこともあり、子どもの頃からスポーツに親しんでいます。母親と一緒にバドミントンをやったこともありますし、スイミングスクールに通ったこともあります。サッカーもできるし、バスケットも上手だといいますが、何より好きなのが野球でした。こう振り返っています。

「野球に関しては、それがとてつもなく楽しかったので、今まで続いているんでしょうね」

さらに関東や関西などの、厳しい指導者のもとで、徹底的に鍛え抜く「高校野球みたいな少年野球」ではなく、岩手という環境の中で野球に出合えたことが良かったとも考えています。前者のような環境でやるチームはたしかに強く、早くから世界大会などに出場することもあるほどですが、大谷自身は、「個人的には、子どもの頃に楽しく、のんびり野球ができたことは良かったと思っています」と振り返っています。

理由は「楽しくできたお陰で、一回も野球を嫌いになることはなかった」からです。

一方で、全国にはもっとすごい選手がいるんだろうなと思いながら、「もっとうまくなりたい」「まだまだやることがある」という向上心を失うことはありませんでした。

大谷にとって野球はずっと楽しく、自分を成長させてくれるものだったのです。

53

周りの大人たちの前で、声を張って言える子どもが、実際、プロ野球選手になってるんだと思います

（「大谷翔平　野球翔年Ｉ」Ｐ１２６）

「僕は将来、甲子園に出場し、プロ野球にドラフト1位で入団します。そして100億円プレーヤーになります」は、松坂大輔が小学校の卒業式で、父兄を前に宣言した言葉です。この時、父兄は「所詮は子どものたわごと」と思ったのか、大爆笑したといいますが、松坂はその言葉通りのことを実現しています。

「そんな夢みたいなことを」という言い方があるように、子どもの夢は親や周りの大人から一笑に付されることもしばしばですが、「人生に目標があるなら、堂々と口に出して言うべき」が大谷翔平の考え方でした。大谷は野球を始めた小学2年生の時から、自信を持って「僕はプロ野球選手になるんだ」と言い続けています。

そして、それをただの一度も疑ったことはないと話しています。理由は「そうやって、周りの大人たちの前で、声を張って言える子どもが、実際、プロ野球選手になってるんだ」という考えからです。

子どもから大人になるにつれ、人は子ども時代の夢を忘れ、より現実的な生き方を目標にする傾向がありますが、そうではなく、子ども時代の夢を堂々と口にして、その夢を追い続けた人だけが夢をかなえることができるのです。口にして、努力する姿がやがては周りの大人を本気にしていくのです。

54

普通なら1年と半年は
試合に出ることができないので、
その中で、まだ貢献できるものがあるということは、
むしろプラスかなとは思っている

（「ルポ大谷翔平」P49）

野球選手にとってケガは避けて通れないものの1つですが、大谷翔平も高校時代、日本ハム時代、そしてメジャーリーグと幾度かのケガを経験しています。高校2年生の夏、骨端線損傷という大きなケガのため長い期間、投げることができなくなりますが、この時期、バッティングでは痛みを感じないということで、バッティング練習に多くの時間を割いたことで「バッター・大谷翔平」は成長したとも言われています。

まさに「怪我の功名」と言えるかもしれませんが、大谷自身はケガをプラスの経験ととらえることはありません。ケガをしたとしても、その中でできることに最善を尽くすという考え方をしています。メジャーリーグ1年目の2018年、大谷は新人王を獲得するほどの活躍を見せますが、9月に右肘に損傷が発覚、トミー・ジョン手術を勧められます。手術を受けた場合、少なくとも1シーズンはリハビリが必要になり、2019年に登板することはできません。打者としても復帰には数か月を要します。

大変な衝撃ですが、大谷は「打席に立てる」ことを前向きにとらえ、その直後に週間MVPをとるほどの活躍を見せたのです。そんな大谷を見て、マイク・トラウトは「二刀流選手はいいね。一方をケガでできなくなっても、もう一方が残っているから」と大谷の強さを讃えました。

55

契約自体がマイナー契約なだけで、プレイできることに変わりはありません。僕にとって肝心なのはそこだけ

（「道ひらく、海わたる」P46）

1995年、野茂英雄がロサンゼルス・ドジャースとマイナー契約を交わした時の契約金は200万ドル、年俸はわずか10万ドルという驚くべき安さでした。以後、野茂やイチローの活躍もあり、日本選手がメジャーと契約する際の条件は日本では考えられない金額になることがほとんどでしたが、そんな中、大谷翔平が交わしたのは契約金230万ドル、年俸約54万ドル（メジャーリーグの最低年俸）という破格の安さでした。

当時、メジャーでは労使協定により25歳以下の海外選手（大谷は23歳）は契約金の上限が決められていたため、これほどの安価な契約になったわけですが、あと2年待てば確実に数億ドルの大型契約が結べるにもかかわらず、あえて最低年俸でのメジャーリーグ移籍を選んだことは大きな話題になりました。「なぜ大金を棒に振ってまで」という声に対し、大谷は「それよりも今やりたいことを優先したい。たまたま優先したいものがあったということなんです」と大金を手にすること以上に、メジャーでプレーするという「やりたいこと」には変えられないと淡々と話していました。

こうした大谷の姿勢はメジャーの選手からも「彼はお金のためにアメリカに来るのではないと示したんだ。野球をやるためだけに来るのさ」と好意的に受け止められ、アメリカのファンからも歓迎されることになりました。

56

取ってもらった点というのは
大事にしたがることもあると思うんですけども、
自分で取れるなら、よりアグレッシブに
マウンドでも攻められるかなと思っています

（「ルポ大谷翔平」P79）

大谷翔平の魅力は「100マイルを超えるボールを投げて、400フィート（最長は500フィート近いものもあります）を超えるホームランを打つ」ところにあります。これは「ピッチャーの割に打てるね」というレベルではなく、メジャーにおいても投と打の2人のスーパースターが共存していることになります。

2021年4月、大谷は対ホワイトソックス戦で「2番・投手」でスタメン出場します。アメリカに来てから公式戦では初めてとなる投打での同時出場です。もし大谷が打たれて早期にマウンドを降りれば、そこに投手が入ることになるというリスクの高い打順でしたが、大谷は1回表を無失点に抑えたあとの第一打席で飛距離137メートル（449フィート）の特大アーチをスタンドに叩き込んで見せたのです。

そこに至るまでの3年間、大谷が二刀流として成功するかどうか懐疑的な見方をする人もいましたが、この日の投打二刀流を見たエンゼルスのジョー・マドン監督は「野球選手として『完全』だとしか言えない。あれ以来、誰もが可能だと信じられるようになった」と振り返っています。自分が投げている時に、中軸として打席に立つのは傍《はた》からは大変に思えますが、「自分で打って点を取り、自分が投げて抑える」というスタイルは最も「大谷らしさ」の出るものだったのです。

57

（トラウトは）僕が一番、
目指すスタイルじゃないかと思っています

（「Number」963 P18）

第5回WBCでアメリカ代表チームのキャプテンを務めたマイク・トラウトはメジャーリーグを代表する選手の1人であり、大谷翔平にとって毎年、理想とする数字を残す、「目指すスタイル」を持つ選手と言えます。

メジャーでの1年目を終えた大谷はチームメイトのトラウトをこう評しています。「トラウト選手、本当にすごいんですよ。打球もすごいし、僕ができてないことで彼ができちゃってることがいっぱいあり過ぎる」

大谷がなかでも感心したのが、トラウトは「打てる範囲が広い」ものの、「それをそれ以上に広げない」ことでした。トラウトはMVPを過去に3度も獲得した好打者だけに敬遠されることも多く、相手も「フォアボールならOK」という投球をしますが、トラウトはそんな時も無理に打とうとはせず、しっかりと見極めて、四球も選びながら3割を記録します。結果、出塁率は高くなり、打率も良く、長打もあるということで、大谷が重視しているOPS（出塁率＋長打率）もトラウトは「千（1・000）」を超えることになります。

大谷はホームランバッターだけに、警戒されて打席で振るチャンスは減りますが、それは大谷の目指す数字でもあります。

58

誰を、ということじゃなく、
自分の中で課題を消化するのが
野球のおもしろさなのかなと思います

（「Number」881 P19）

野球漫画の特徴の一つはライバルとの戦いにあります。主人公が投手なら、手ごわい打者がいて、その戦いの中にある種の醍醐味《だいごみ》があるわけですが、同様に実際の野球の世界でも古くは長嶋茂雄対村山実や、野茂英雄対清原和博といったライバル対決が見る人の興味を駆り立てたものです。特に野茂の場合、得意のフォークボールはメジャーリーグでも猛威を振るうほどの威力を持っていたにもかかわらず、清原との対決では速球一本で勝負、その対決は「平成の名勝負」と言われたものです。

一方、大谷翔平は日本ハムファイターズ時代から、「アイツに勝ちたい」「コイツを倒したい」と意識することはありませんでした。理由はこうです。

「今の相手と今後10年、20年、ずっと対戦していくのなら、このバッターを倒すために必死になるとか、このピッチャーを打ち崩そうとか思うのかもしれませんが、メンツも時代も変わりますし、若い世代が入ってくれば対戦相手もどんどん変わる」

何より大谷が大切にしているのは、誰を打ち取るとか、誰を打ち崩すではなく、「自分の中の課題を消化する」ことであり、それこそが「野球のおもしろさ」と考えています。自分がベストピッチをすれば打たれないし、打撃の技術を高めれば手も足も出ないボールはなくなる。それが大谷の目指すものなのです。

59

単純に日本人が出ているところを
見てみたいなと、
まあ僕じゃなくても、
ていう単純な理由なんですけど

（「ルポ大谷翔平」Ｐ１０３）

大谷翔平の魅力の1つに、ホームランの圧倒的な飛距離があります。第5回WBCにおいても、大谷の練習前のフリーバッティングは圧巻で、日本代表のホームランバッターの中には「野球選手をやめたくなった」と口にした選手もいたほどでした。

大谷自身、飛距離には自信を持っているものの、一方で飛ばそうと意識しすぎると、それがフォームを崩す一因になるということも理解していました。実際、グラウンドでのバッティング練習よりも屋内での練習を重視する傾向があります。

それでも大谷のホームランはメジャーでも屈指なだけに、2021年のオールスターゲームの前夜に行われたホームランダービーには、日本人のみならず、投手としても初めて出場しています。短時間のうちにホームランを狙って強振することは身体の負担になることはもちろん、スイングが乱れて調子を崩す恐れもあるだけに、大谷の出場に懸念を示す人もいましたが、大谷は「出てみたいという気持ちのほうが強かった」と、いつもの「興味があるなら、まずやってみる」で出場を決意します。

大谷はファン・ソトとの戦いで、タイブレークにもつれ込むほどの接戦を演じますが、最後の最後に敗れます。疲れはかなりのものでしたが、大谷は参加賞金15万ドルをチームスタッフに寄付するという粋な計らいをみせています。

60

つらいのは自分だけじゃないですから。
いいプレーをすることで、
明るいニュースを届けられればと思っていました

（「大谷翔平　二刀流メジャーリーガー誕生の軌跡」Ｐ２１５）

大谷翔平は2023年7月8日現在、アメリカン・リーグの週間MVPを6回受賞しています。そのうちの2回は2018年のルーキー時代ですが、2018年9月10日に受賞した2回目には特別の思いがこもっていました。

同年6月、大谷は右肘の内側側副靱帯がグレード2の損傷と診断され登板ができなくなりますが、その間、PRP注射と幹細胞注射の治療を受けることで、9月に投手として復帰します。しかし、登板した試合で2イニングは良かったものの、3イニング目に球速が目に見えてダウン、エンゼルスの医師団はトミー・ジョン手術を勧める決断を下します。トミー・ジョン手術を受ければ、少なくとも1年間は投手として登板することはできません。

みんながネガティブな気持ちになる中、大谷は1週間で打率・474、4本塁打、10打点を記録、週間MVPを受賞するほどの活躍を見せたのです。さらに周りを驚かせたのは、「つらいのは自分だけじゃないですから。支えてくれる皆さんにも、つらい思いをさせてしまっているので。いいプレーをすることで、明るいニュースを届けられればと思っていました。だから良かったと思います」というコメントでした。つらさも見せずに周りを安心させ笑顔にさせるところに大谷のすごさがありました。

61

最終的にそのレベル（4試合13四球）に
行きたいなとは思っていましたけど、
この段階でこういう経験を
させてもらえるというのはすごく新鮮でした

（「Number」1040 P14）

2021年のアメリカン・リーグのホームラン王は、ブルージェイスのゲレーロJr.とロイヤルズのペレスの2人が48本で獲得しました。大谷翔平も大いに期待されていましたが最終的に46本と、2人には2本及びませんでした。

大谷があと2本打てなかった理由の1つに挙げられているのが四球の多さです。45号本塁打を打った後、大谷は「4試合で13四球」という、ベーブ・ルースやブライス・ハーパーに並ぶメジャー記録を打ち立てています。こうした四球の多さに、中には「大谷はアジア人だからホームラン王をとらせたくないんだ」といったうがった見方もありましたが、実際には大谷の後ろを打っていた、リーグを代表する強打者マイク・トラウトが同年5月に右ふくらはぎの負傷で長期離脱したため、相手投手からすればエンゼルスの打線は「大谷さえ抑えればいい」状態になった影響が大きかったと言えます。

大谷自身、敬遠の増加にトラウトの離脱があったことを理由として挙げたうえで、「でも、ああいう感じは新鮮でしたよ。その経験がメジャーリーグでできると思っていなかった」と振り返っています。さらにこうも付け加えています。

「今後のことを考えればいい経験ができたと思っています」

2023年の快進撃にはこの時の経験も生かされているはずです。

62

野球でストレスを感じるって、
いいところだと思うんですよ。
毎日毎日、結果が出て、良かった悪かったと
思える職業ってあんまりないでしょ。
そこが楽しいところだし、キツイところでもある

(「Number」1040 P9)

大谷翔平の魅力の1つは、真剣でありながらも、楽しそうに野球をしているところにあります。いつもにこやかな表情をたたえ、礼儀正しさを失わないのが多くの人に愛されるところでもあるのでしょう。

しかし、そんな大谷もストレスを感じている時には「苦しい夢」をよく見るといいます。大谷によると、野球の夢もよく見るようで、一番多いのは、ライト前にヒットを打ったにもかかわらず、水の中を走っているような感じで、足が少しも前に進まず、一塁でアウトになる、というものです。

シーズン中、思うような結果が出ていない時に見るといいますから、大谷が感じているストレスの大きさが容易に想像できます。にもかかわらず、こうも言っています。

「いい結果が出ていない時には精神的なストレスを感じています。でも野球でストレスを感じるって、いいところだと思うんですよ。毎日毎日、結果が出て、良かった悪かったと思える職業ってあんまりないでしょ。そこが楽しいところだし、キツイところでもある」

大きな期待とプレッシャーの中で闘い続けるのは大変なはずですが、それを「楽しいところ」と言えるからこそ、大谷は結果を出し続けることができるのです。

第6章

勝利への思い

63

最後まで諦めないのが大事ですから。
最後のアウトを取られるまで

（「大谷翔平　二刀流メジャーリーガー誕生の軌跡」Ｐ１５６）

大谷翔平の勝負に賭ける思いの強さと同時に、諦めない気持ちを示したのが第5回WBC準決勝の対メキシコ戦です。好投していた佐々木朗希《ろうき》が3ランを浴びて4回で降板。4番を務めた吉田正尚《まさたか》（ボストン・レッドソックス）の3点本塁打で同点としたものの、山本由伸、湯浅京己《あつき》が打たれて再びリードされます。

1点差で迎えた最終回、先頭の大谷はヘルメットを飛ばしながらの二塁打を放つと、塁上でベンチに向かってみんなを鼓舞するようなアクションを繰り返します。結果、日本は周東佑京《しゅうとううきょう》の好走塁と村上宗隆の二塁打で逆転サヨナラで勝ちを収めます。

シーズンに入ってからも大谷はオールスター明けのアストロズ戦やヤンキース戦で劣勢を跳ね返すようなホームランを放ち、チームを逆転勝利へと導いていますが、こうした大谷の「不屈の精神」はメジャー1年目から発揮されていました。7月の対ドジャース戦では好投手に抑えられ打つことはできなかったものの、9回裏ツーアウトから四球を選んで塁に出るや盗塁を決めるなど、好走塁で同点に追い付いています。結果、チームは逆転サヨナラ勝ちをしますが、試合後、大谷は「何とかして塁へ出てチームに貢献したいと思いました」とコメント。「最後まで諦めないのが大事ですから。最後のアウトを取られるまで」を実践してみせたのです。

64

悔しい経験がないと
優勝してやろうという思いもできないんだ
ということを知ることができました

（「大谷翔平 野球翔年 Ⅰ」P63）

大谷翔平が野球を始めたのは小学2年生の時です。社会人野球でのプレー経験のある父親に連れられて、岩手県の水沢リトルリーグ（のちに父親が監督に就任）に入ったことがきっかけです。

当時は背は高かったもののひょろっとしていた大谷ですが、運動能力は抜群で、今と同様に打者としても投手としても卓越した能力を発揮しています。しかし、小学生時代は目指す全国大会への出場はかないませんでした。ようやく夢がかなったのがリトルリーグの試合に出られる最後の年である中学1年生の時です。

この年、水沢リトルリーグは岩手県内で無敗を誇り、東北大会も勝ち抜いて見事に全国大会出場を決めますが、東北大会の準決勝で大谷は6イニング制の試合で18のアウトのうち、実に17個の三振を奪っています。これほどの活躍ができたのは、それまでの「負けた悔しい思い」があったからと大谷は振り返っています。

「すごく悔しい思いをして、次は優勝してやろうという気持ちで頑張れましたし、そういう悔しい経験がないとそういう思いもできないんだということを知ることができました。最後の1年は本当に必死で練習しました」

リトル時代の悔しさから得た勝利は大谷にとって「今でも思い出す」経験でした。

65

勝ちたい、抑えたいという
気持ちの強い方が勝てると思ったんです

（「大谷翔平 野球翔年 Ⅰ」P203）

野村克也というと、名選手にして名監督であり、「野村野球＝ＩＤ野球」というイメージがありますが、監督としてヤクルトスワローズを初のリーグ優勝に導いた時に口にしたのが「ＩＤ野球も最後は根性だ」でした。

大谷翔平は日本でプレーしている時から圧倒的な力は見せつつも、どこかクールでスマートなイメージがありましたが、２０２３年のＷＢＣの準決勝や決勝での闘い方には自分が引っ張り、味方を鼓舞しようという激しい闘争心が溢れていました。そこにあったのは「勝ちたい、抑えたいという気持ちの強い方が勝てる」という思いでした。

大谷は２０１５年のＷＢＳＣプレミア12で初戦と準決勝の２度に渡って韓国と戦っています。一次ラウンドの初戦、大谷は先発投手として韓国から10個の三振を奪う好投で、６回を無失点に抑え、日本に勝利をもたらしています。２度目の韓国との対戦は負けが許されない準決勝ですが、この時、大谷は前回と同じでは抑えきれないと感じます。必死になって大谷を崩そうと向かってくる相手に、大谷は「気持ちで負けちゃいけない。もう一つ上のものを出さないといけない」と決意します。

結果、大谷は７回を投げて被安打１、11個の三振を奪う見事なピッチングで韓国を無得点に抑えます。最後にものを言うのは「強い気持ち」なのです。

66

僕が良くてもチームが負けちゃ、
まだまだです。
やることがいっぱいあって、
暇な時間はありませんよ

（「大谷翔平 野球翔年 Ｉ」Ｐ２０８）

野球選手にとってチームの勝敗とは別に個人の成績も大いに気になるだけに、たとえチームが負けたとしても、ホームランを打ったり、ヒットを何本も打てば選手としての満足はあるはずです。あるいは、自分の成績はダメだったものの、チームが勝利したならそこに満足を見出す人もいます。この兼ね合いがなかなか難しく、いくら個人の成績が良くてもチームが負け続けると、「自分さえ良ければいいのか」と叩かれる厄介さもあります。

大谷翔平は日本ハムファイターズ時代はチームを日本一に導き、自身もMVPを獲得していますが、エンゼルスに移籍してからは二刀流としてMVPを取るほどの活躍をしながらチームは思うように勝てないという悔しさやつらさを味わっています。2015年のWBSCの準決勝、先発した大谷は好投を見せます。しかし、残念ながら日本代表は逆転負けをします。当時、21歳の大谷はこんなコメントを残します。

「僕が良くてもチームが負けちゃ、まだまだです。やることがいっぱいあって、暇な時間はありませんよ」

大谷は甲子園を含め大事なところで勝ちきれなかった経験があるだけに、勝ちへのこだわりがとても強く、できるなら自分が打ち、投げて、何より勝ちたい選手です。

67

今日、勝ったからといって、
その目標は達成された訳ではないので。
1つの通過点として、もっと頑張っていきたい

（「もっと知りたい！大谷翔平」P187）

第5回WBCでの日本チームの優勝は日本中を歓喜に包みましたし、その中でも大谷翔平の活躍は今後も長く語り継がれるほどの素晴らしいものでした。「Number」の記者によると、優勝メダル授与のセレモニーで、大谷は不自然なほどに目の周りを何度も拭っていたといいますが、優勝会見では涙ではなく、「汗ですね」と答え笑みを浮かべています。

とはいえ、その優勝は大谷にとっても格別なものであり、「間違いなく今までの中でベストの瞬間じゃないかなと思います」と喜びを表しています。同時に、優勝は「1つの通過点」としてさらに3つの目標を表明しました。こう言っています。

「ポストシーズン、ワールドシリーズで勝っていくのが次のステップ。

次、3年後の大会で立ち位置をキープする。

もっと素晴らしい選手になれるように頑張っていきたい」

大谷は高校時代に甲子園で勝利した経験がなく、それが「ピッチャーをやり切ってみたかった」という二刀流への思いにつながっているほど、勝つことへの貪欲さを持っています。だからこそチームを勝利に導き、そして「世界一の野球選手」になるというのが大谷が追い続けている目標です。

68

僕からはひとつだけ、憧れるのをやめましょう

（「Number PLUS WBC2023」2023 5 P33）

第5回WBCの決勝直前、クラブハウスで「声出し」を初めて任された大谷翔平が発した「憧れるのをやめましょう」は、ナインを1つにまとめ、優勝に向かって戦う力を与えた言葉でした。こう言いました。

「僕からはひとつだけ、憧れるのをやめましょう。マイク・トラウトがいて、ムーキー・ベッツがいたり、誰しもが聞いた選手がいるが、僕らはトップになるために来たので。今日1日だけは彼らへの憧れは捨てて、勝つことだけ考えていきましょう」

大谷の真意はこうでした。

アメリカチームには野球選手であれば誰もが名前を聞いたことのある、素晴らしい実績の選手たちが名前を連ねています。なかには憧れの選手、尊敬してやまない選手もいるはずですが、それが災いして「あの選手を抑えられるはずがない」「あの選手の球を打てるはずがない」「あんなメンバー相手に勝てるわけがない」と弱気な気持ちになると、勝てるはずのものが勝てなくなってしまいます。「今日1日だけはそういう気持ちを忘れて、本当に対等な立場で必ず勝つんだという気持ちをみんなで出したいなと思っていました」が大谷がチームメイトに伝えたいことでした。

日本チームのアメリカに負けない力を信じるからこその言葉でした。

69

チームを勝たせる。
そこを目指してこそ、
僕が2つをやる意味があると思っています

（「Number」1040 P15）

大谷翔平の勝つことへのこだわりの強さは日本ハムファイターズ時代にはっきり表れていました。大谷はリトルリーグ時代も、花巻東高校時代も、全国大会や甲子園への出場経験はあるものの、日本一は経験していませんでした。２０１５年、大谷は投手として15勝をあげたものの、王者ソフトバンクホークスには打ち込まれることがよくありました。ＣＳを前にしてこんな話をしています。

「日本一、なってみたいですねぇ。日本一になってみたい。そこから見る景色ですか？　見たことがないのでわかりませんけど、その景色を見に行くためにやってるわけですから、見てみたいとは思いますね」

しかし、残念ながらこの年にはその景色を見ることはできませんでした。その悔しさもあったのでしょうか、２０１６年には投手として10勝を挙げ、打者としても22本のホームランを打つという投打での活躍によりチームを日本一へと導きます。

この経験を経てロサンゼルス・エンゼルスに入団しただけに、「勝つ」ことへの思いが強いのも当然のことと言えます。「チームを勝たせる。それは、自分ひとりの力だけではどうしようもないこともあるんですけど、そこを目指してこそ、僕が２つをやる意味があると思っています」と勝利への意欲を何より強調しています。

70

任された試合は、勝つ勝たないというよりも、
勝つ可能性を残して
マウンドを降りられるかどうかが
一番かなと思う

（「ルポ大谷翔平」Ｐ１７９）

かつて日本のプロ野球では「先発完投」という言い方があったように、先発したピッチャーが最後まで投げ切ってチームに勝利をもたらすのが理想で、そうした人が「エース」と呼ばれていました。

その後、投手の分業制が進む中で1人のピッチャーが最後まで投げ切ることは滅多になく、先発に求められるのは6回以上を自責点3以内に抑える「クオリティスタート」となります。あるいは、投手を評価するうえでは1投球回あたり、何人の走者を出したかを示す「WHIP（投球回あたり与四球・被安打数合計）」も重要視されるようになっています。

このように投手を取り巻く環境や、投手を評価する項目が変わってきている時代、大谷翔平は「エース」についてどのように考えているのでしょうか。大谷はこれまで日米通算80勝（8月10日）を挙げ、15勝以上を2度記録しています。立派な数字ですが、勝ち星そのものへのこだわりはそれほど強くないと言われています。もちろん勝利への意欲はとても強いのですが、「任された試合は、勝つ勝たないというよりも、勝つ可能性を残してマウンドを降りられるかどうかが一番かなと思う」と話しているように、勝つために常に自分にできる最善を尽くす、それが大谷の考える「エース」です。

71

それ以上に勝ちたいっていう
気持ちの方が強いですし、
プレーヤーとしては、
その方が正しいんじゃないかなと思ってます

（「もっと知りたい！　大谷翔平」Ｐ１７６）

大谷翔平は日本ハムファイターズでは日本一を経験していますが、ロサンゼルス・エンゼルスに移籍して以降は優勝どころか、優勝争いさえ経験したことがありません。MVPを獲得するほどの活躍をした2021年も早々に優勝争いから脱落、大谷はこう口にします。

「もっと楽しい、ヒリヒリするような9月を過ごしたいですし、来年以降、そうなるように頑張りたい」

大谷は2023年オフにFAの権利を得ますが、その去就が注目されるのはエンゼルスにいては、ヒリヒリとした9月を過ごすのが難しいからです。大谷にとってエンゼルスはケガや不調でも二刀流への挑戦を後押ししてくれたチームです。しかし、「世界一の野球選手」を目指す大谷はそれだけでは満足できないのも事実です。こうも言っています。

「ファンの人も好きですし、球団自体の雰囲気も好きではあるので、ただ、それ以上に勝ちたいという気持ちの方が強いですし、プレーヤーとしては、その方が正しいんじゃないかなと思ってます」

ヒリヒリとした戦いこそが自分を成長させてくれるというのが大谷の思いなのです。

72

いや、もう一本ホームランを打ちたい

（「SHO-TIME」P175）

2019年6月、大谷翔平は対タンパベイ・レイズ戦でサイクル安打を達成しています。サイクル安打というのは、1試合で1人の打者が単打、二塁打、三塁打、本塁打を一本以上打つことですが、これまでの野球の歴史の中で日本のプロ野球では71人、メジャーリーグでも298人しか達成したことのない難しい記録です。

大谷はメジャーリーグでは日本人として初めての達成者となりますが、2023年の前半戦だけで実に6回もサイクル安打に王手をかけています。本来、サイクル安打で最も難しいのは三塁打です。三塁打にするためには長打力だけでなく、走力も必要になるだけに、多くの場合、最後に三塁打が打てずに終わることも多いのですが、大谷の場合長打力も走力も備えているだけに、何度も王手をかけることができるのです。

この日、大谷は第一打席でホームランを放ち、続けて二塁打と三塁打を打っています。まさに走れる長距離バッターというところですが、その記録に気づいたチームメイトが「あと一本でサイクルヒットだぞ」と大谷に伝えたところ、返ってきたのは「いや、もう一本ホームランを打ちたい」でした。

打席に入った大谷は明らかに長打を狙っていましたが、結果的にセンター前にヒットを打ち、チームとしてはマイク・トラウト以来のサイクル安打を達成したのです。

第7章

行動のルール

73

ちゃんとした人間に、
ちゃんとした成果が出てほしい。
どの分野においても僕はそう思っています

（「道ひらく、海わたる」Ｐ１３０）

大谷翔平が多くの人に愛されるのはプレーはもちろんのこと、それ以外での礼儀正しさや行いにみんなが好感を持っているからです。グラウンドでしばしば目にするのが、大谷が歩いている時にしゃがんで何かを拾う動作をすることです。大谷は花巻東高校時代に「目標達成シート」を作成、真ん中には「ドラ1、8球団」と書き込んでいますが、それを囲む8つの枡《ます》の1つに「運」と記入して、運を上げるために行うこととして、「あいさつ」「ゴミ拾い」「部屋掃除」などを挙げています。

ほかにも大谷はリトルリーグ時代、エースで4番ながら率先してトンボを手にグラウンド整備を行っていましたし、高校時代も佐々木洋監督の「球場の一番高いマウンドに立つ人間は、みんなが一番嫌がる仕事をしなさい」という教えを守り、寮のトイレ掃除を文句ひとつ言わずにやっていたといいます。大谷はこう考えています。

「ちゃんとした人間に、ちゃんとした成果が出てほしい。どの分野においても僕はそう思っています。本当の意味でのトップの人間とはそうあるべきだと僕は信じている。信じているからには、自分もそんなふうにやっていきたいという気持ちは今でもあります」

「てっぺん」を目指す大谷は常にそれに相応しい人間であろうとしているのです。

74

すべてにおいていいことをして、
いい準備をして、あとは任せましょうという
映画のストーリーが、
あの時の自分にすごく合っていた

（「大谷翔平 野球翔年Ⅰ」P201）

野球において投手の成績を評価する時、かつては「勝敗成績」が重視されていましたが、今日では勝ち星よりも三振や四死球、本塁打、被打率などを重視するようになっています。勝敗は味方打線が何点をとってくれるか、リリーフの投手は抑えてくれるか、といった投手にはコントロールできない要素も多いからです。

大谷翔平は日本でもアメリカでも、好投はしても思うように勝てなかった経験がありますが、そんな時に支えとなったのがパドレスの伝説のクローザー、トレバー・ホフマンの「野球に勝ち負けはつきもの。試合に入るためにどうやって備えてきたかが大事」という言葉でした。2015年のWBSCプレミア12で大谷は韓国を相手に2度の先発をしていますが、その前夜、大谷は2度とも『フェイシング・ザ・ジャイアント』という映画を観ています。

内容は弱小アメフト部を率いるヘッドコーチの話ですが、悩むコーチはある時、干ばつに苦しみ畑を耕しながら祈る農民の生き方に感銘を受け、それが躍進への転機となります。大谷はこの映画を観て、「すべてにおいていいことをして、いい準備をして、あとは任せる」というストーリーがぴったり来たといいます。自分にできる最善の準備をすること、大切なのはそれだけなのです。

75

高校時代、『楽しいより正しいで行動しなさい』
と言われてきたんです。
クリスマスに練習したのも、
楽しいことより正しいことを考えて行動した結果

（「大谷翔平 野球翔年 Ⅰ」Ｐ１２５）

「人生は選択の連続である」はよく言われる言葉ですが、選択に際して重要になるのが「何を基準にして選択するか」です。アマゾンのジェフ・ベゾスは「どちらが将来後悔しないか」という「後悔最小フレーム」を基準としていましたし、あるアスリートは複数のプレーのうち「どれが一番難しいか」を基準にしていましたが、大谷翔平の場合は花巻東高校時代に監督の佐々木洋から言われた「楽しいより正しいで行動しなさい」が基準となります。

大谷はプロ入り2年目の2014年に11勝を挙げて10本のホームランを放ち、日本のプロ野球史上初となる「2桁勝利、2桁本塁打」を達成していますが、その年のオフも多くの時間を練習にあてています。みんなが浮かれるクリスマスの日でさえ練習にあてる大谷にある人が理由を尋ねたところ、返ってきたのがその言葉でした。

「すごくきつい練習メニューがあるとして、それを自分はやりたくない。でも自分が成長するためにはやらなきゃいけない。そこで、そのメニューに自分から取り組めるかどうかが大事な要素なんです」

大谷の野球に対するストイックさはよく知られていますが、その根底にあるのは「人として楽しさよりも正しさを優先する」という考え方でした。

76

寝ることは得意

(「道ひらく、海わたる」P70)

プロ野球選手と言えば、かつては試合が終わると飲みに行く人も多く、門限破りは当たり前、なかには二日酔いのまま打席に立つほどの猛者《もさ》もいましたが、その対極にいるのが大谷翔平です。

日本ハム時代にも、先輩たちが大谷を連れ出す時には監督の許可が必要だったと言われるほど、栗山英樹監督は大谷の体調管理に気を遣っていますが、大谷自身、日本でもメジャーでも、試合の後はほとんど外に出ることもなく、時間の多くをトレーニングと寝ることにあてています。

子ども時代から大谷は「寝ることは得意」と公言するほど、よく寝ていたといいます。練習に向かう車の中でも、父親が運転する横で「ずっと寝ていた」といいますし、中学時代も野球の練習がない日は夜の9時には寝て、寝始めるとまず起きることはありませんでした。水沢リトル時代、毎年、福島で合宿をしていましたが、そこでも他の子どもたちが騒ぐのを気にすることもなく、夜の9時に寝る習慣を守っていたといいますから、その自制心たるやかなりのものです。

2021年のオールスターは大谷にとって出ずっぱりのハードなものとなりましたが、その時も大谷が口にしたのは「可能な限り、長時間寝ます」でした。

77

寝るときに、
『今日の練習は良かったな、やりきった1日だったな』
と思って目を瞑《つぶ》れるかどうか。
そこが心の平穏を保てている
一番の要因だと思いますし、今の僕にとっては
それが何よりも幸せなことなんです

（「Number」1069　P15）

サッカーのプレミアリーグ歴代最多得点記録保持者で、フランスワールドカップではイングランド代表チームのキャプテンを務めたアラン・シアラーのモットーは、毎晩、家に帰って鏡に向かい、「(所属する)ニューカッスルのために110%出しきった」と言えるだけのプレーを心がけることでしたが、大谷翔平も第5回WBCの直前、記者から「ささやかな幸せを感じる瞬間は」と聞かれこう答えます。

「今は日々に満足していますね。今日もしっかり練習できたし、これから帰ってごはんも食べられるし。夜になったら寝心地のいいベッドがあってそこで寝られるし、明日が来ればまた練習できるし。そういう、何の不安もなく暮らせる感じというものに満足しているんですよね」

大谷が大事にしているのは、「寝るときに、『今日の練習は良かったな、やりきった1日だったな』と思って目を瞑れるかどうか」です。やりたいことをやり切るためには、健康であることが大前提ですし、健康だからこそ100%の体調で練習をすることができます。但し、こうした日常は記者の言う「ささやかな幸せ」ではなく、「何よりも幸せ」だというのが大谷の思いです。

78

本当は27番がよかったんですけど、埋まっていたので17番にしました

（「大谷翔平 二刀流メジャーリーガー誕生の軌跡」P35）

野球選手にとって背番号というのは特別の意味を持っています。日本のプロ野球におけるエースナンバーの代表は「18」ですが、チームによっては過去の名選手がつけていた背番号が期待の若手に与えられることもよくあります。

大谷翔平が日本ハムファイターズ時代につけていたのは「11」です。それはダルビッシュ有が日本ハム時代につけていた背番号だけに、いかに大谷が期待されていたかがよくわかります。ロサンゼルス・エンゼルスに移籍した時の背番号は「17」です。イチローがメジャーリーグに移籍した際、シアトルマリナーズはオリックスブルーウエーブ時代の「51」を用意していますが、あいにくエンゼルスでは「11」は永久欠番（ジェームズ・ルイス・フレゴシ）でした。大谷はこんな感想を口にしました。

「空いていたら『11』でもよかったんですけど、新たな気持ちというか。『11』は一応、1つの区切りとして自分の中では終わったのかなあ、と」

この時、大谷は「本当は27番がよかったんですけど、埋まっていたので17番にしました」と言って会場を爆笑の渦に包んだといいます。「27」というのは、大スターのマイク・トラウトがつけている背番号であり、大谷にビデオ通話で入団を勧めてもいます。2人の活躍はやがて「トラウタニ」とも呼ばれるようになります。

79

3つの教えは基本的なものですが、
今でも覚えています。
それは、いつどのステージに行っても
言われ続けることだと思います

（「道ひらく、海わたる」P93）

大谷翔平にとって、父親は最初に野球を教えてくれた人であり、少年時代には監督やコーチとして指導してくれた人でもあります。リトルリーグ時代、親子は交換日記のように「野球ノート」を書き続けています。

父の徹が監督として、その日の評価やアドバイスを書き、大谷が試合での反省や今後の課題を書き込みます。特に大事にしたのが、「悪かった時に、次に何をすれば課題を克服できるのかを考え、行動に移す」ことでした。ビジネスの世界でも言われることですが、失敗をした時に大切なのは責任追及以上に、その原因を探り、2度と同じ失敗をしないための対策を考え実行することです。

そしてもう1つ大切なのが「失敗の記録をつける」ことです。失敗はとかく「叱って終わり」になることが多いのですが、それではダメで、大谷親子は「それらを字で書き残すことによって、しっかりとやるべきことを頭に入れ」ようとしていたのです。

さらにほとんどのページには「大きな声を出して、元気よくプレイする」「キャッチボールを一生懸命に練習する」「一生懸命に走る」――の3つが書き込まれていました。この3つの教えについて「それは、いつどのステージに行っても言われ続けることだと思います」と話しているように、今も大谷の根底にあり続けています。

80

食事について学んだことは大きかったですね、
厳しいところもありますけど、
大切なことが沢山つまっています

（「SHO-TIME」P53）

大谷翔平の食事に対するこだわりの強さはよく知られていますが、高校時代の大谷の最大の課題の1つは、筋肉量を上げることと、体重を増やすことでした。花巻東高校に入学した頃から身長は高かったものの、体重は63キロしかなく、ウエイトトレーニングでも20キロくらいのシャフトでフラフラしていたといいます。

にもかかわらず、中学3年生の頃には「ダルビッシュみたいな投手が岩手にいる」と言われるほどのボールを投げていたわけですから、凄《すさ》まじい素質の持ち主です。佐々木洋監督には菊池雄星が体重を20キロ増やすことで、スピードも20キロ増したという経験があり、大谷の体重が80キロを超えれば、160キロのボールが投げられるのではという予測がありました。結果、食事の量などを増やすことで体重を増やし、ボールのスピードも増しますが、さらなる成長には最新の理論が必要でした。

日本ハムに入団して3年目を終えた冬、日本ハムはメジャーで活躍するダルビッシュ有を招き、大谷を含む何人かの指導を依頼します。ダルビッシュは大谷たちと共に合同トレーニングを行い、栄養学とトレーニング理論を伝えます。以来、大谷は食事から砂糖を排除し、白米ではなく玄米を食べるようになり、トレーニング方法も変えます。その効果は絶大で、２０１６年の圧倒的な成績につながったのです。

81

こういうスケールの選手になりたいみたいなものはありますけど、全部が全部、その人みたいになりたいみたいなものはないですね

（「別冊カドカワ　大谷翔平」Ｐ１８０）

大谷翔平が花巻東高校への進学を決めた理由の1つに菊池雄星の存在があります。大谷が中学3年生の時に花巻東は選抜で準優勝、夏の大会でもベスト4に進出しています。原動力となったのはエースの菊池ですが、菊池たちの活躍によって岩手が野球で熱狂し、みんなが1つになるのを目《ま》の当たりにした大谷は、県外の強豪校ではなく花巻東への進学を決意します。「練習スタイルが良く、自分を伸ばしていける」も理由でした。菊地という大エースが卒業してすぐに、圧倒的な素質を持つ大谷が入学したことで佐々木洋監督は喜び、かつ強い責任を感じます。大谷にこう話しました。

「『誰かみたいになりたい』という考えでは、その人を上回ることはない。『超えたい』と思わなければダメなんだ」

誰かに憧れ、尊敬はしたとしても、それがあまりに強すぎると模倣《もほう》に走り、「ミニ○○」にしかなれません。尊敬はしながらも、「超えていく」という強い思いがあってこそ、人は憧れの存在を凌駕することができるのです。大谷にもダルビッシュ有や斉藤和巳、イチローや松井秀喜など好きで憧れる選手はいましたが、「こういうスケールの選手になりたい」と思うことはあっても、「その人みたいになりたい」はありませんでした。

82

必死こいて2時間3時間やったのが、その1杯2杯で変わってしまうってなってくると飲めないですね

（「別冊カドカワ　大谷翔平」P23）

2023年のオールスターで最も注目を集めたのは大谷翔平でした。オールスター前の記者会見では、取材を希望する会社や記者の驚くほどの多さがその人気の高さを示していました。

普段は野球に関する質問がほとんどの中、「外食」について質問された大谷は「（シーズンに入ってからは）外食は記憶にないですね。次の日もまた試合があると、遅く帰ってくるわけにはいかない」と答えています。

実際、シーズン前のWBCで大谷がチームメイトと食事をしている風景が「珍しい」と言われたほど、大谷は外食をほとんどしませんし、もちろんお酒を飲みに出かけることもまずありません。まったく飲めないわけではなく、日本ハム時代は「先輩とご飯食べに行っても1杯ぐらいは飲みます」と話しているように、「普通ぐらいには飲める」ものの、「飲みたい」という気持ちになることはないといいます。理由はこうです。

「時間もないですし、トレーニングも結構やってるんで。必死こいて2時間3時間やったのが、その1杯2杯で変わってしまうってなってくると飲めないですね」

成長に必要な優先順位の中で、お酒や外食が占める場所はゼロに近いのでしょう。

83

自分が決めた道に対してそこに向かって
頑張ってはいけるのかなと思っていますし、
それはもうこの5年間、
迷うことなく進んで来れた

（「ルポ大谷翔平」P234）

かつてあるアスリートが「誰もが勝ちたいと思うが、勝つために頑張れる人間は少ない」という趣旨の話をしていました。たしかに誰しも「勝ちたい」「成功したい」と願うわけですが、たいていの人は頑張り切ることはできないものです。

大谷翔平の二刀流への挑戦を提案し支え続けたのは日本ハムファイターズの監督・栗山英樹ですが、栗山が「大谷ならできる」と思えた理由の1つは、大谷が子ども時代から実践してきた「自分がこうだと決めたら最後までやり続ける強さと忍耐力」だといいます。大谷は高校時代も、プロに入ってからも「こうするんだ」と本気になったら、できるまで必ず「やり切る」といいますが、だからこそ栗山は大谷に二刀流ができると信じたし、大谷自身も二刀流を形にすることができたのです。

メジャーリーグへの移籍を前に大谷はこんな決意を口にします。

「自分が決めた道に対してそこに向かって頑張ってはいけるのかなと思っていますし、それはもうこの5年間、迷うことなく進んで来れたのかなと思っています」

「やる」ことはできても、最後まで「やり切る」ことができる人は案外少ないものですが、大谷の「やり切る」力こそがメジャーリーグでの成功を可能にしたのです。

84

明確な目標を持つのも大事ですし、
思うようにいかなかった時にどうするのか、
どういう目標を立てるのかっていうのも
すごく大事じゃないかなって思います

（「別冊カドカワ　大谷翔平」P182）

夏休みの計画ではありませんが、目標を立てて、そのための計画をいくらしっかり立てたとしても、途中で思い通りにいかなくなったり、予想外の出来事が起きて予定が狂うというのはよくあることです。

大谷翔平は「何勝、何本」といった具体的な数字をあまり口にすることはありませんが、明確な目標を持つと同時に、思うようにいかなくなった時にどういう新たな目標を立てるかが大事だと考えていました。

日本ハムファイターズ時代、個人として考えていた目標の達成が難しく、心が「大いに折れた」ものの、チームに優勝できる可能性が出て来たことで、優勝を目指すことにシフトすることで大いに救われたといいます。反対にロサンゼルス・エンゼルスでは7月、8月といった早い時期にプレーオフ進出の望みがなくなると、やはりここでも心は折れそうになりますが、そんな時には自分のさらなる成長に向けて投げることや打つことに全力を傾けるようにします。

目標がなくなったチームや個人は、勢いを失い、持てる力が発揮できなくなりがちですが、そうならないためには新たな目標が大切になってきます。こうした切り替えができるからこそ大谷は毎年、素晴らしい成績を残すことができるのです。

（本塁打王を）もちろん
取りたいという気持ちはありますが、
取りたいなというだけで取れるものではない

（「Newsweek」2021.10.12 P20）

2021年のシーズンは大谷翔平は46本の本塁打を打ったものの、2本差で本塁打王のタイトルを逃しています。一方で26個の盗塁を決めたことで、「同一シーズンに45本塁打以上、25盗塁以上」を達成、メジャーリーグではバリー・ボンズやホセ・カンセコといった名選手らに続く6人目の選手となっています。

まさにメジャーリーグ史上に残る名選手の仲間入りを果たしたわけですが、残念ながらまだ打者としての大きなタイトルは獲得していません。その意味では2021年は絶好のチャンスと言えましたが、大谷はその難しさも実感していました。9月12日の試合後の記者会見でこう話しています。

「(本塁打王を)もちろん取りたいという気持ちはありますが、取りたいなというだけで取れるものではない。いい打席を毎日続けていけたらと思う。基本に忠実になり、1打席ずつ大事にしながら打ちたい」

2022年、アーロン・ジャッジとのMVP争いの話題でも、「モチベーションにはなります」と認めつつ、やはり「1試合1試合、勝ちを意識して頑張っていけば、自ずと数字はついてくると思うので、一番はそこかなと思います」と似たようなコメントをしています。いい打席を毎日続ける、それが大谷のタイトルへの道なのです。

第8章

使命感を持って

86

僕がダメだったとしても、
次の子どもが出てきてくれれば
それでいいんです

（「大谷翔平 野球翔年 Ⅰ」Ｐ３１１）

戦後間もない時期、「高額な機械ばかりを輸入して、倒産したらどうするんだ」と詰問されたある企業の創業者が口にしたのが、「たとえ会社が潰れたとしても、この機械が残れば日本のためになる」でした。

新しい挑戦をするパイオニアには常に「失敗」の可能性があるわけですが、それでも突き進むのは「後に続く人たちのために」という思いがあるからです。大谷翔平は日本のプロ野球で初めて本格的な二刀流に挑戦することでプロ野球界のOBや評論家からいろいろな批判を浴びますが、大谷自身は「両方やることが失敗だったとしても、自分にプラスになる」と前向きに考えていました。

いろいろ言われることで、「やってやるんだ」という気持ちになりますし、同時にたとえ失敗したとしても、この先、2つをやりたいと思う子どもたちが出て来た時、「僕の挑戦が1つのモデルとなって、それを成功につなげてくれればいいという思い」もあったといいます。それだけにオファーの際にメジャーリーグが二刀流を認めてくれたことは「嬉しかったし、2つやってきて良かったなと思った」と話しています。

実際、日本の野球界でも二刀流を前向きにとらえるようになっていますが、そこには大谷のパイオニアとしての自覚と、圧倒的な実績があったからこそなのです。

87

これでさらに多くの人が
試合を見てくれるなら、
それだけで僕は嬉しいです。
野球全体にとっていいことですから

（「SHO-TIME」P295）

大谷翔平は2021年のオールスターに史上初めて投手と打者の両方で選ばれています。ファン投票では、アメリカン・リーグ指名打者枠でダントツの1位を獲得していますが、オールスター直前までの打率・279、33本塁打、70打点、12盗塁という成績から、当然のことと言えます。

大谷の出場を喜んだのはファンだけではありません。MLB機構は、大谷を「野球界の歴史の中でも一番独特で、革命的な選手」として、大々的に売り出します。大谷を紹介するCMをつくり、ニューヨークの本部ビルに巨大な写真を貼り出します。そんな期待に応えようと、大谷もホームラン競争への出場を受諾、翌日のオールスターに先発登板をして、同時に指名打者として打席に立つことに同意します。

本来ならシーズン前半をフルに戦ってきただけに、ここまでする必要はないはずですが、大谷はその理由をこう話していました。

「これでさらに多くの人が試合を見てくれるなら、それだけで僕は嬉しいです。野球全体にとっていいことですから」

実際、大谷が出場したホームラン競争は、2017年以来最も多くの人が視聴、いかに多くの人が大谷を見たいと思っていたかを証明することになりました。

88

僕が小学生とか中学生の時、
イチローさんがＷＢＣでプレーして
成し遂げてくれたことというのは、
僕だけじゃなく、日本の野球にとっても
素晴らしいことだったと思うので、
そういう体験を子どもたちにしてもらえるように、
頑張りたい

（「Number」1069 P15）

体操界のレジェンド内村航平は「団体金メダル」に強いこだわりを持っていましたが、その原点は15歳の時に見た、日本が28年振りに金メダルを獲得したアテネオリンピックにあるといいます。「本物を見た」と感激した内村はそこからさらに練習に励み、個人では世界大会8連覇を果たし、リオでは念願の団体金メダルももたらしています。

大谷翔平にとっても第2回WBC（2009年）で韓国との緊迫する試合展開においてイチローが放った優勝を決める一打は強烈な印象を残しています。第1回大会にも参加したイチローのWBCにかける思いは強く、大会前には「日本代表のユニフォームを着ることが最高の栄誉である、とみんなが思える大会に自分たちで育てていく」と話していたほどでした。その思いの強さが決勝の一打に表れていました。

大谷はイチローの成し遂げたことを「僕だけじゃなく、日本の野球にとっても素晴らしいことだった」と讃えるとともに、「次は自分たちが」という思いをしっかりと抱いて、「（自分が感じたような）体験を子どもたちにしてもらえるように頑張りたい」と話していました。

その言葉通り、大会における大谷の活躍は素晴らしいものでした。決勝における大谷対トラウトの対決は子どもたちの心に残る、語り継がれる戦いとなりました。

150年近い歴史があるリーグの中で、
新しいルールが出来ちゃうんですよ。
それって嬉しいじゃないですか

（「Number」1069 P15）

2022年3月、大リーグ機構側と選手会側が新たなルールについて合意しますが、その中の1つが「先発投手が指名打者（DH）を兼務できる」という、まさに大谷翔平のためにつくられたようなルールで「大谷ルール」とも呼ばれています。

それまで先発投手は降板すると、ベンチに下がるしかありませんでした。しかし、新しいルールでは投手としては降板しても、守備につかないDHとして残り出場することができるのです。このルールは前年のオールスターで大谷のために実施された特別ルールでしたが、通常のシーズンでも可能になったことで、大谷は投手として降板しても、そのまま打席に立ち続けることができるようになりました。

この報せを聞いたエンゼルスのジョー・マドン監督は「試合のプランを立てるのも楽になる」と歓迎したうえで、「歴史を変えることになる。これは『ショー・ルール』だね」と大谷の影響力を讃えています。こうしたルールの変更は大谷にとっても、「今までで一番嬉しかった」出来事の1つでした。こう話しています。

「150年近い歴史があるリーグの中で、新しいルールが出来ちゃうんですよ。それって嬉しいじゃないですか」

自分のやってきたことが野球が生まれた国で認められたという喜びもありました。

90

自分がそれ（野球人気の回復）に貢献したい

（「Number PLUS WBC2023」2023 5 P 34）

長嶋一茂が、ヤクルト時代の同僚である栗山英樹（第5回WBC日本代表監督）が番組に出演した際、突然、「感謝を申し上げたい」と言って話し始めたことがあります。長嶋によると、WBC前は他のタレントや芸人たちと楽屋などで野球の話をすることはほとんどなかったのが、WBC以後はたくさんの人が野球の話をするようになり、それが何か月経っても続いていることがとても嬉しいというのです。

たしかにWBCの日本での視聴率は驚異的なものでしたし、映画も大ヒット、さらにテレビのワイドショーやニュースには連日、大谷翔平が登場しています。はたしてこれが野球人気なのか、大谷人気なのかはわかりませんが、それでもWBCや大谷の活躍が「オワコン」化しつつあった野球への関心を高めたのはたしかです。野球人気は日本だけでなく、アメリカにおいても低落傾向にありました。日本では少子化の影響もあってか、子どもの野球人口も減少していましたが、最近の大谷の驚異的な活躍もあり、テレビや新聞だけでなく、ユーチューブなどには大谷の映像が溢れかえっています。

大谷自身、かねてから日米両国での競技人口の減少や人気低下について危惧しており、「自分がそれ（野球人気の回復）に貢献したい」と話していましたが、今や大谷は野球というスポーツにおいて、象徴であり、救世主的存在でもあるのです。

参考文献

『道ひらく、海わたる　大谷翔平の素顔』佐々木亨著、扶桑社文庫
『大谷翔平　野球翔年Ⅰ　日本編２０１３―２０１８』石田雄太著、文春文庫
『大谷翔平　二刀流メジャーリーガー誕生の軌跡』ジェイ・パリス著、関麻衣子訳、辰巳出版
『ルポ大谷翔平　日本メディアが知らない「リアル二刀流」の真実』志村朋哉著、朝日新書
『もっと知りたい！大谷翔平 SHO-TIME観戦ガイド』福島良一著、小学館新書
『SHO-TIME大谷翔平　メジャー１２０年の歴史を変えた男』ジェフ・フレッチャー著、タカ大丸訳、徳間書店
『少年大谷翔平「二刀流」物語』小林信也著、笑がお書房
「別冊カドカワ　大谷翔平」KADOKAWA
『大谷翔平　挑戦』岩手日報社
「Number」861 881 963 968・969 980 1040 1048 1069 1076 1078　文藝春秋
「Number PLUS WBC2023」2023 5　文藝春秋
「News week」2021.10.12

著者紹介

桑原晃弥（くわばら　てるや）

1956年、広島県生まれ。慶應義塾大学卒。業界紙記者などを経てフリージャーナリストとして独立。トヨタ式の普及で有名な若松義人氏の会社の顧問として、トヨタ式の実践現場や、大野耐一氏直系のトヨタマンを幅広く取材、トヨタ式の書籍やテキストなどの制作を主導した。一方でスティーブ・ジョブズやジェフ・ベゾス、イーロン・マスクなどの起業家や、ウォーレン・バフェットなどの投資家、本田宗一郎や松下幸之助など成功した経営者の研究をライフワークとし、人材育成から成功法まで鋭い発信を続けている。

主な著書に、『スティーブ・ジョブズ名語録』『「トップアスリート」名語録』（以上、ＰＨＰ文庫）、『１分間アドラー』（ＳＢクリエイティブ）、『トヨタ式「すぐやる人」になれる８つのすごい！仕事術』（笠倉出版社）、『ウォーレン・バフェットの「仕事と人生を豊かにする８つの哲学」』（KADOKAWA）、『逆境を乗り越える渋沢栄一の言葉』（リベラル社）、『amazonの哲学』（だいわ文庫）、『イーロン・マスクの言葉』（きずな出版）、『自己肯定感を高める、アドラーの名言』（ぱる出版）などがある。

本書は、書き下ろし作品です。

ＰＨＰ文庫 大谷翔平は、こう考える
不可能を現実に変える90の言葉

2023年10月16日 第1版第1刷
2024年11月6日 第1版第5刷

著者 桑原晃弥
発行者 永田貴之
発行所 株式会社ＰＨＰ研究所
東京本部 〒135-8137 江東区豊洲5-6-52
ビジネス・教養出版部 ☎03-3520-9617(編集)
普及部 ☎03-3520-9630(販売)
京都本部 〒601-8411 京都市南区西九条北ノ内町11
PHP INTERFACE https://www.php.co.jp/
組版 有限会社エヴリ・シンク
印刷所
製本所 TOPPANクロレ株式会社

 ISBN978-4-569-90362-0

PHP文庫

こうやって、考える。

外山滋比古　著

「無意識を使いこなす」「愛読書は作らない」など、過去の膨大な著作から発想力を鍛えるためのヒントを集めた箴言集、待望の文庫化！

PHP文庫

「感謝の習慣」で人生はすべてうまくいく！

佐藤　伝　著

何事にも感謝すると、いいことが自然とやってくる！　身近なところに「感謝の山」をみつけ、生きていること自体が楽しくなるヒント満載！

PHP文庫

キーワードでわかる！ 中村天風事典

池田 光 著

天風会第四代会長の杉山彦一氏に師事してきた著者が、中村天風の生涯と思想を、124のキーワードと写真、図表でまとめる事典。

PHP文庫

図解
スティーブ・ジョブズ 神の仕事術
不可能を可能にする40の成功法則

桑原晃弥著

「世界を変える製品」を数多く創造したスティーブ・ジョブズ。天才ならではの非常識な仕事術から〝成功法則〟を学ぶ！ 図解満載の一冊。

PHP文庫

スティーブ・ジョブズ名語録

人生に革命を起こす96の言葉

桑原晃弥　著

「我慢さえできれば、うまくいったのも同然なのだ」など、アップル社のカリスマ創業者が語る〝危機をチャンスに変える〟珠玉の名言集。